독해력
비타민
기초편

40회로
완성하는
독해력

초등국어
1단계

독해의 중요성

글이란?

글을 잘 읽으려면 '글'이 무엇인지 정확히 알아야 합니다.

글은 중심 내용을 지닌 문단들이 모여 이루어집니다.

문단은 중심 문장과 뒷받침 문장이 조화롭게 이어져

탄생합니다.

문장은 여러 낱말이 어우러져 만들어집니다.

독해란?

독해란 글을 읽어 뜻을 이해하는 활동입니다.

낱말의 뜻을 정확히 알고, 문장의 의미와

문단의 중심 내용을 이해한 뒤, 문단 간의 관계를

밝혀내면 글을 제대로 이해할 수 있습니다.

독해의 중요성

수학, 과학처럼 독해와 전혀 상관없을 듯한 과목에도

독해는 무척 중요합니다. 책을 읽어 개념을 이해하거나

문제를 풀기 위해서는 글을 읽고 해석하는 능력이 필요합니다.

그뿐 아니라, 텔레비전을 보거나 물건을 고르는 것 같은

사소한 일을 위해서도 독해는 필요합니다.

독해는 어떻게 해야 할까?

독해의 방법

글을 읽고 문제를 풀 때에는 통독과 정독이 필요합니다.

통독을 통해, 글을 훑으며 전반적인 내용과 주제를 파악합니다.

그리고 정독하면서 글의 구조, 문단의 내용, 문단 간의 관계,

표현 속에 담겨 있는 속뜻 등을 알아봅니다.

사실적 독해와 비판적 독해

본문의 내용을 읽으며 그 안에 담긴 정보를 이해하는

독해 방법이 '사실적 독해'입니다.

'비판적 독해'는 글의 내용이나 구성을 파악하면서

앞뒤의 흐름이나 내용의 타당성 등을 비판하는 독해 방법입니다.

적극적 독해

독해에서 가장 중요한 것은 적극성입니다. 적극적인 자세로

글을 읽으며, 글의 종류를 알아보고, 구조를 파악하며,

각 문단의 중심 생각을 알아내면 겉으로 드러난 뜻뿐 아니라,

그 안에 감추어진 의미까지 알아낼 수 있습니다.

독해력 비타민 기초편 구성

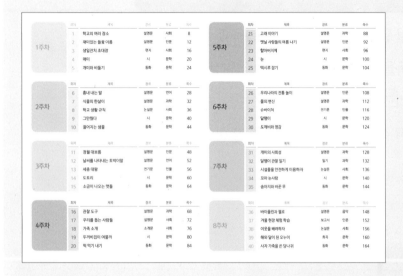

한 주에 5회씩 두 달 동안 학습하도록
40회로 구성하였습니다.

회차	제목	장르	분류	쪽수
36	바이올린과 첼로	설명문	음악	148
37	겨울 현장 체험 학습	보고서	인문	152
38	이웃을 배려하자	논설문	사회	156
39	해와 달이 된 오누이	희곡	문학	160
40	사자 가죽을 쓴 당나귀	동화	문학	164

8주차

한 주차 안에도 비문학과 문학을
고루 배치하였습니다.
학습자가 다양한 글을 접할 수 있습니다.

5 추론

(가)와 (나)를 보고, 당나귀의 기분 변화를 가장 잘 나타낸 것을 고르세요.

(가)
사자 가죽을 쓰고 나니, 자신이 마치 사자가 된 것 같았습니다.

(나)
사자의 가죽이 반쯤 벗어져서 당나귀의 머리가 드러났습니다.

① 기쁨 → 신남
② 슬픔 → 화남
③ 기쁨 → 창피함
④ 슬픔 → 창피함
⑤ 창피함 → 신남

문제의 출제 의도를 밝혀 두었습니다.
문제가 무엇을 묻는지 익히는 과정입니다.

틀린 문제 유형에 표시하세요.

☐ 배경   ☐ 제목   ☐ 내용 파악   ☐ 추론   ☐ 적용   ☐ 배경지식

틀린 문제 유형을 확인할 수 있습니다.

그것을 보고 자신의 강점과 약점을 파악하여,

자기 주도 학습을 할 수 있습니다.

어휘력 기르기   8문제 가운데 (   ) 문제 맞힘

1단계 다음 낱말의 뜻을 찾아 선으로 이으세요.

(1) 체험 •   • ㉠ 직접 겪는 경험.

(2) 탐조 •   • ㉡ 마음에 새겨 두고 조심함.

(3) 주의 •   • ㉢ 새들이 살아가는 모습을 관찰함.

2단계 위에서 배운 낱말을 빈칸에 넣어 문장을 완성하세요.

(1) 꿈을 정하려면 다양한 ☐☐ 을 하는 것이 좋다.

(2) 동물을 관찰할 때에는 소리가 나지 않게 ☐☐ 해야 한다.

(3) 우리 식구는 사진기와 망원경을 가지고 ☐☐ 여행을 다녀왔다.

3단계 다음 뜻에 알맞은 낱말을 빈칸에 넣어 십자말풀이를 하세요.

(1) 글씨나 그림 등을 지우는 물건.

(2) 귀가 시리지 않도록 귀를 덮는 물건.

본문에 쓰인 낱말이나 문법을 재학습합니다.

39회

틀린 문제 유형에 표시하세요.

☐ 인물   ☐ 어휘   ☐ 추론   ☐ 표현   ☐ 감상

앞부분의 내용: 오누이의 어머니는 이웃 마을에 일하러 갔다가 돌아오는 길에 호랑이를 만난다. 호랑이는 어머니를 잡아먹고는 어머니의 옷과 수건으로 변장한 뒤 오누이가 있는 집으로 향한다.

• 등장인물: (㉠   )
• 장소: 오누이가 사는 초가집   • 때: 늦은 오후

막이 오르면, 치마와 저고리를 입고, 머리에 하얀 수건을 쓴 호랑이가 초가집 주위를 어슬렁거리고 있다. 초가집 옆에는 장작더미가 쌓여 있다. 그 위에 도끼 한 자루가 놓여 있다.

동 생: (걱정스러운 목소리로) 오빠, 엄마는 왜 아직 안 오셔?
호랑이: (방문을 두드리며 거칠고 쉰 목소리로) 애들아, 엄마 왔다. 문 열어라!
동 생: (신이 나서) 와, 엄마다! (뭔가 이상하다는 듯) 그런데 엄마 목소리가 이상해요.
오 빠: (문고리를 붙잡고 이상하다는 듯) 우리 엄마 목소리는 그렇게 쉽지 않았어요.
호랑이: (기침을 하며) 찬 바람을 맞았더니 감기에 걸려서 그렇단다.
동 생: (긴장된 목소리로) 그럼, 문구멍으로 손을 내밀어 봐요.
호랑이: (창호지를 뚫고 텁투성이 손이 쑥 들어온다.) 자, 봐라. 엄마 손 맞지?
동 생: (깜짝 놀라며) 아니에요. 이렇게 털이 많은 손은 우리 엄마 손이 아니에요. 우리 엄마 손은 하얗고 부드럽단 말이에요.
호랑이: 잠깐만 있어 보렴. (부엌으로 달려가 밀가루를 손에 바른다.)
오 빠: 복슬복슬한 털에, 날카로운 손톱까지 있는 걸 봐서, 아무래도 호랑이 손 같아.
동 생: (㉡   ) 오빠, 그럼 이제 우린 어떡하지?
오 빠: (동생의 손을 잡고 문 쪽으로 피하며) 어서 도망가자.

마당에는 커다란 나무 한 그루가 있다. 오누이는 장작더미 위에 있던 도끼로 찍으면서 나무에 오른다. 잠시 후, 오누이를 찾아다니던 호랑이가 나타난다.

가능한 한 문학 작품의 전문을 실으려 노력하였습니다.

전문을 실을 수 없는 글은 학습자의 이해를 돕기 위해

앞뒤 내용을 요약하여 담았습니다.

차 례

　　다온이는 수업 시간에 같은 반 친구들과 함께 학교의 이곳저곳을 둘러보았습니다. 담임 선생님은 그 장소들의 쓰임과 특징을 학생들에게 설명해 주셨습니다. 다온이는 선생님의 설명을 잘 듣고 그 내용을 표에 정리하였습니다.

도서실	쓰임	책을 읽거나 빌린다.
	특징	**사서** 선생님께서 관리하신다.
체육관	쓰임	운동을 실내에서 할 수 있다.
	특징	실내지만 운동화를 신고 활동한다.
보건실	쓰임	학생들의 건강을 관리한다.
	특징	**보건** 선생님께서 학생들의 건강을 돌보신다.
급식실	쓰임	학생들이 점심밥을 먹는다.
	특징	**영양** 선생님께서 맛있고 건강에 좋은 음식을 만드신다.
교무실	쓰임	선생님들께서 수업 자료를 **연구**하신다.
	특징	교장 선생님 외의 선생님들께서 계신다.

사서 책을 관리하는 직업. 또 그런 일을 하는 사람. 司 맡을 사 書 책 서　**보건** 건강을 잘 지킴. 保 지킬 보 健 건강할 건　**급식실** 학교나 공장, 군대 등에서, 밥을 주기 위해 마련한 곳. 給 줄 급 食 밥 식 室 방 실　**영양** 생물이 살아가는 데 필요한 성분. 營 지을 영 養 기를 양　**연구** 어떤 일이나 사물에 대해 깊이 조사하는 일. 硏 연구할 연 究 연구할 구

1 각 교실과 관계가 깊은 사람을 선으로 이으세요.

내용
파악

(1) 도서실 •

(2) 보건실 •

(3) 급식실 •

• ㉠ 영양 선생님

• ㉡ 사서 선생님

• ㉢ 보건 선생님

2 다음 중 이 글과 <u>다른</u> 내용을 찾으세요.

내용
파악

① 도서실에서는 책을 빌릴 수 있다.

② 체육관에서는 운동화를 신고 운동한다.

③ 학생들의 건강을 관리하는 곳은 보건실이다.

④ 학생들이 점심밥을 먹는 장소를 급식실이라고 한다.

⑤ 학교의 모든 선생님이 교무실에서 일한다.

3 다음 설명에 알맞은 선생님을 찾으세요.

배경
지식

> 한 반 전체 학생을 책임지고 관리한다. 수업 시간에는 그 반 학생들에게 여러 과목을 가르친다. 수업 외에도 생활 지도, 고민 및 진로 상담 등 학생들의 학교생활에 대한 일을 맡는다.

① 교장 선생님
② 담임 선생님
③ 교감 선생님
④ 체육 선생님
⑤ 행정 선생님

4 진우는 학교에서 넘어져 무릎을 다쳤습니다. 어디로 가야 할까요?

적용

① 도서실 ② 체육관

③ 보건실 ④ 급식실

⑤ 교무실

5 앞 글에 소개된 곳에서 지켜야 할 규칙을 적었습니다. 올바른 것을 찾으세요.

배경
지식

① 집에서 읽던 책을 도서실에 보관한다.

② 체육관에서는 신발을 벗고 운동한다.

③ 여러 사람이 이용하는 곳이니 체육관에서도 뛰거나 장난쳐서는 안 된다.

④ 급식실에서는 줄을 서서 자기 차례를 기다린다.

⑤ 교무실에서는 선생님 한 명 한 명에게 큰 소리로 인사한다.

6 다음 사진과 설명에 어울리는 장소는 어디인가요?

배경
지식

(1)

실험이나 관찰을 할 수 있도록 여러 기구를 갖추어 놓은 곳.

(2)

악기를 연주하거나 노래를 부를 때 이용하는 곳.

어휘력 기르기

8 문제 가운데 (   ) 문제 맞힘

1단계 다음 낱말의 뜻을 찾아 선으로 이으세요.

(1) 사서 •

(2) 보건 •

(3) 급식 •

• ㉠ 건강을 잘 지킴.

• ㉡ 책을 관리하는 직업. 또 그런 일을 하는 사람.

• ㉢ 학교나 공장, 군대 등에서 밥을 주는 일. 또 그 밥.

2단계 위에서 배운 낱말을 빈칸에 넣어 문장을 완성하세요.

(1) 누나는 수요일과 금요일에 학교에서 [ ][ ] 을 먹고 온다.

(2) 책을 좋아하는 현정이는 [ ][ ] 가 되고 싶다고 말했다.

(3) 정호는 [ ][ ] 에 관심이 많아 이 닦는 방법을 잘 알고 있다.

3단계 다음 뜻에 알맞은 낱말을 빈칸에 넣어 십자말풀이를 하세요.

(1) 대소변을 보거나 손을 씻을 수 있게 만들어 놓은 곳.

(2) 학교에서, 교육 외의 학교 사무를 맡은 사람들이 모여

일하는 곳.

산이나 들에 가면 알록달록 예쁘게 피어 있는 **들꽃**을 볼 수 있습니다. **형형색색**의 들꽃에는 **저마다** 예쁜 이름이 있습니다.

별꽃은 밤하늘에 반짝이는 별을 닮아서 붙여진 이름입니다. ㉠ 꽃잎은 다섯 장인데, 한 장 한 장이 두 갈래로 갈라져 있습니다. 하얀 별꽃이 한가득 피어 있는 들판은, 마치 작은 별들이 땅에 흩어져 있는 듯이 보입니다. 별꽃의 **어린잎**이나 줄기는 나물로 무쳐 먹거나, 된장국을 끓여 먹기도 합니다.

제비꽃은 제비가 돌아오는 봄에 핀다고 하여 붙여진 이름입니다. 제비꽃은 봄날 우리나라 산과 들에서 **흔히** 볼 수 있습니다. 꽃 모양이 씨름하는 자세와 같다고 하여 '씨름꽃', 사람들이 손가락에 반지를 만들어 끼워 '반지꽃'이라고도 부릅니다. 꽃의 색깔은 보라색, 흰색, 노란색 등으로 다양합니다.

할미꽃은 할머니의 모습을 닮아서 붙여진 이름입니다. 등이 **굽은** 할머니처럼 꽃줄기가 꼬부라져 꽃송이가 아래를 향해 핍니다. 꽃이 지고 나면, 열매에 할머니의 흰 머리카락 같은 긴 털이 가득 달립니다. 할미꽃은 **약초**로도 사용됩니다.

노란색의 괭이밥은 밭이나 길가 등에서 흔히 볼 수 있습니다. 괭이밥은 '고양이 밥'이라는 뜻입니다. 잎은 사람이 먹기도 하는데, 신맛이 나서 '시금초'라고도 부릅니다. 또 열매가 오이처럼 생겼다고 하여 '오이풀'이라고 부르기도 합니다.

들꽃 들(넓게 트인 평평한 땅)에 피는 꽃.　　**형형색색** 모양이나 빛깔이 서로 다른 여러 가지. 形 모양 형 形 모양 형 色 빛 색 色 빛 색　　**저마다** 사람이나 사물마다 각각.　　**어린잎** 새로 나는 연한 잎.　　**흔히** 일상적으로 자주.　　**굽은** 한쪽으로 휜.　　**약초** 약으로 쓰이는 풀. 藥 약 약 草 풀 초

1 무엇에 대해 쓴 글인가요?

주제

① 들꽃을 먹는 방법.

② 들꽃이 피는 장소.

③ 들꽃의 이름이 다른 까닭.

④ 들꽃의 이름이 붙여진 까닭과 특징.

⑤ 들꽃의 색깔이 다른 까닭과 피는 시기.

2 사진을 보고 알맞은 들꽃 이름을 글에서 찾아 쓰세요.

적용

(1)

(2)

(3)

(4)

3 이 글의 내용과 <u>다른</u> 것을 고르세요.

내용
파악

① 들꽃에는 저마다 이름이 있다.

② 괭이밥은 '고양이 밥'이라는 뜻이다.

③ 제비꽃은 '씨름꽃', '반지꽃'이라고도 불린다.

④ 할미꽃 열매에는 흰 머리카락 같은 긴 털이 달린다.

⑤ 별꽃은 밤하늘의 별처럼 반짝거려서 붙여진 이름이다.

4 '모양이나 빛깔이 서로 다른 여러 가지'의 뜻을 지닌 낱말을 글에서 찾아 쓰세요.

어휘

☐ ☐ ☐ ☐

5 밑줄 친 ㉠을 읽어 보면, 별꽃의 꽃잎은 몇 장처럼 보일까요?

추론

① 2장   ② 5장   ③ 10장   ④ 15장   ⑤ 17장

6 다음은 꽃과 관련된 이야기입니다. 이 꽃의 이름을 앞 글에서 찾아 쓰세요.

추론

> 옛날 어느 산골 마을에 할머니가 두 손녀를 데리고 살았습니다. 결혼할 나이가 되어 큰손녀는 부잣집으로, 작은손녀는 가난한 집으로 시집을 갔습니다. 어느 날, 할머니는 큰손녀를 찾아갔습니다. 하지만 큰손녀는 할머니를 내쫓았습니다. 할머니는 작은손녀 집에 가려고 눈 덮인 산을 넘다가 쓰러져 죽었습니다. 이 소식을 들은 작은손녀는 할머니를 묻고, 날마다 무덤을 찾아가 슬피 울었습니다. 이듬해 무덤가에는 등이 굽은 모습이 할머니와 닮은 꽃이 피어났습니다.

어휘력 기르기

7 문제 가운데 (   ) 문제 맞힘

1단계 다음 뜻에 알맞은 낱말을 앞 글에서 찾아 쓰세요.

(1) 들에 피는 꽃.

_____

(2) 새로 나는 연한 잎.

_____

(3) 약으로 쓰이는 풀.

_____

2단계 그림을 보고, 알맞게 설명한 낱말을 찾아 줄로 이으세요.

(1)  •

• ㉠ 굽다: 한쪽으로 구부러지거나 휘다.

(2)  •

• ㉡ 굽다: 불에 익히다.

3단계 설명을 읽고, 빈칸에 알맞은 글자를 넣어 문장을 완성하세요.

> **피다**: 꽃잎이나 잎 따위가 벌어지다.
>
> **펴다**: 접히거나 말린 것을 젖혀서 벌리다.

(1) 봄이 오면 꽃이 [   ] 고 나비가 날아다닌다.

(2) 비가 내려 우산을 [   ] 고 길을 걸었다.

생일잔치 초대장

소민이에게

소민아, 나 현지야.

이번 주 토요일이 내 생일이야. 그래서 친구들과 함께 생일잔치를 하려고 해. 소민이 너도 우리 집에 와서 맛있는 음식 많이 먹고 같이 놀면 좋겠어. 너랑 친한 친구들도 초대했어. 진영이, 윤지, 현진이, 한솔이, 연우에게도 초대장을 주었으니까 같이 놀면 재미있을 것 같아.

네가 와 주면 정말 행복할 것 같아. 내 생일에 꼭 같이 놀자!

- **일시**: 5월 17일 토요일 낮 1시
- **장소**: 우리 집(햇빛 아파트 405동 1204호)

현지가

생일잔치 생일에 음식을 차려 놓고 여러 사람이 모여 즐기는 일. 生 날 생 日 날 일   **초대장** 어떤 자리나 모임에 와 달라는 뜻을 적어서 보내는 편지. 招 부를 초 待 모실 대 狀 편지 장   **일시** 날짜와 시간을 아울러 이르는 말. 日 날 일 時 때 시

1 누가 누구에게 쓴 글인가요?

내용
파악

(1) 누가

(2) 누구에게

2 이 글을 쓴 까닭은 무엇인가요?

내용
파악

① 생일을 자랑하려고.

② 생일잔치 하는 것을 자랑하려고.

③ 친구를 생일잔치에 초대하려고.

④ 친구들에게 자신의 생일을 알리려고.

⑤ 친구의 생일을 축하하려고.

3 이 글에 꼭 있어야 할 내용이 아닌 것은 무엇인가요?

내용
파악

① 쓴 사람
② 받을 사람

③ 생일잔치 시간
④ 생일잔치 장소

⑤ 받고 싶은 선물

4 현지가 초대하지 않은 사람은 누구인가요?

내용
파악

① 진영이
② 윤주

③ 현진이
④ 한솔이

⑤ 연우

5 현지의 생일잔치에 가려면 언제 어디로 가야 하나요?

내용
파악

(1) 언제

(2) 어디로

6 반드시 이렇게 써야 하는 것은 아니지만 초대장은 보통 다음과 같은 형식으로 씁니다. 다음 중 내용

배경
지식

과 형식이 <u>잘못</u> 연결된 것을 찾으세요.

생일잔치 초대장

성훈이에게 ●————● ① 부르는 말(누구에게)

성훈아, 안녕? 나 민재야. ●————● ② 첫인사

이번 주 일요일이 내 생일이라고 얘기했던 거 잊지

않았지? 그날 친구들 불러서 생일잔치를 할 거야. 너도

올 거지? 어머니께서 떡볶이랑 치킨 많이 준비한다고

하셨으니까 와서 같이 먹고 같이 놀면 좋겠다. 우리 집 ●————● ③ 초대하는 내용

에는 재미있는 만화책도 많으니까 보고 싶은 거 있으면

말해. 내가 빌려줄게.

꼭 와야 해! 알겠지? 그럼 일요일에 만나자. 안녕. ●————● ④ 초대하는 사람

• 일시: 9월 23일 일요일 낮 12시
●————● ⑤ 초대 일시와 장소
• 장소: 우리 집(무지개 아파트 102동 303호)

민재가 ●————● ⑥ 쓴 사람

어휘력 기르기

6 문제 가운데 (   ) 문제 맞힘

1단계 다음 낱말의 뜻을 찾아 선으로 이으세요.

(1) 일시 •

• ㉠ 어떤 모임에 와 줄 것을 부탁함.

(2) 초대 •

• ㉡ 날짜와 시간을 아울러 이르는 말.

2단계 위에서 배운 낱말을 빈칸에 넣어 문장을 완성하세요.

(1) 성원이는 자기 생일잔치의 ☐☐ 를 나에게 알려 주었다.

(2) 나는 생일에 희진이를 집으로 ☐☐ 했다.

3단계 다음 낱말의 뜻을 읽고, 빈칸에 알맞은 낱말을 쓰세요.

> **햇빛**: 해가 비추는 빛.
>
> **햇볕**: 해가 내리쬐는 뜨거운 기운.

(1) 창문으로 ☐☐ 이 들어와 방 안이 환해졌다.

(2) 창문으로 ☐☐ 이 들어와 방 안이 따뜻해졌다.

☐

김양수

숨죽여 살금살금
나무에 다가가서

한 손을 쭈욱 뻗어
ⓛ 잽싸게 **덮쳤는데**

손 안에 남아 있는 건
ⓒ 매암매암 울음뿐.

덮쳤는데 무엇을 잡으려고 달려들어 감쌌는데.

---

1 ☐에 들어갈 이 시의 제목으로 가장 알맞은 것을 고르세요.

제목
① 나무　　　　　　② 울음
③ 매미　　　　　　④ 한 손
⑤ 잠자리

2 이 시에서 말하는 이는 무엇을 하고 있나요?

내용
파악

① 나무에 오르고 있다.

② 매미를 잡으려다가 놓쳤다.

③ 매미 울음소리를 흉내 내고 있다.

④ 손을 쭉 뻗어 기지개를 켜고 있다.

⑤ 잠자리를 잡으려다 놓쳐서 울고 있다.

3 '숨소리가 들리지 않게 조용히'의 뜻을 지닌 낱말을 찾아 쓰세요.

어휘

4 ⓒ '잽싸게'의 비슷한말을 고르세요.

어휘

① 힘차게   ② 가만히   ③ 조용히

④ 느리게   ⑤ 빠르게

5 이 시의 계절은 언제일까요?

추론

① 봄   ② 여름

③ 가을   ④ 겨울

6 ⓒ처럼 우는 곤충을 사진에서 찾으세요.

①

②

③

④

⑤

7 ⓒ을 통해 알 수 있는 사실은 무엇인가요?

① 매미가 죽었다.　　　　　　　② 매미를 잡았다.

③ 매미를 못 잡았다.　　　　　　④ 매미가 손바닥 위에서 울고 있다.

⑤ 아이가 매미의 울음소리를 흉내 내고 있다.

8 이 시의 내용과 어울리지 <u>않는</u> 느낌을 말한 사람은 누구인가요?

① 수현: 아이가 울어서 무척 슬펐어.

② 은서: 아이가 매미를 놓쳐서 무척 안타까웠어.

③ 찬혁: 아이가 나무에 다가가는 부분에서 조마조마했어.

④ 효은: 아이가 손을 뻗었을 때 꼭 매미를 잡길 바랐어.

⑤ 우주: 시를 읽고 나니까 나도 매미를 잡아 보고 싶어졌어.

어휘력 기르기

1단계 아래 낱말과 뜻풀이를 바르게 짝지으세요.

(1) 슬금슬금 •   • ㉠ 곧게 펴거나 벌리는 모양.

(2) 쭈욱 •   • ㉡ 남이 알아차리지 못하게 슬며시 움직이는 모양.

2단계 위에서 배운 낱말을 빈칸에 넣어 문장을 완성하세요.

(1) 찬우는 [   ] 다가가 현진이를 깜짝 놀라게 했다.

(2) 의자에 앉을 때는 허리를 [   ] 펴고 앉거라.

3단계 흉내 내는 말을 문장에 알맞게 찾아 쓰세요.

살랑살랑   퍼덕퍼덕   뒤뚱뒤뚱

(1) 오리가 [   ] 걸어간다.

(2) 강아지가 꼬리를 [   ] 흔든다.

(3) 독수리가 [   ] 날갯짓하며 힘껏 날아올랐다.

어느 날, 비둘기가 날아가다가 **개울**에 빠진 개미를 보았습니다. 개미는 물 밖으로 나오려고 **몸부림쳤지만** 소용이 없었습니다.

비둘기는 개미가 불쌍해 보였습니다. 그래서 **지푸라기** 하나를 개미 옆에 떨어뜨려 주었습니다.

"정말 고마워, 비둘기야."

개미는 지푸라기에 매달려 안전하게 개울가에 도착했습니다.

며칠 뒤, 개미는 숲에서 사냥꾼을 보았습니다. 사냥꾼은 자신을 살려 준 비둘기를 잡으려고 총을 **겨누고** 있었습니다.

개미는 얼른 사냥꾼의 **발꿈치**를 깨물었습니다.

"앗, 따가워!"

개미 때문에 사냥꾼은 총을 제대로 쏘지 못했습니다.

"㉠ [   ]"

비둘기는 개미에게 말하고 먼 숲으로 날아갔습니다.

㉡ [   ]

– 이솝, 〈개미와 비둘기〉

개울 산이나 들에 흐르는 작은 물줄기.　　**몸부림쳤지만** 심하게 온몸을 흔들고 움직였지만.　　**지푸라기** 곡식의 열매를 떨어낸 줄기와 잎.　　**겨누고** 활이나 총을 쏠 때 목표를 향해 방향과 거리를 맞추고.　　**발꿈치** 발바닥의 뒤쪽과 발목 사이의 불룩한 부분.

1 추론
㉠에 들어갈 말로 가장 알맞은 것을 고르세요.

① 사냥꾼아, 고마워!　　　② 개미야, 고마워!　　　③ 위험해! 도망쳐!

④ 살려 주세요!　　　⑤ 아, 이렇게 죽다니!

2 내용 파악
다음 등장인물과 관계있는 것을 모두 찾아 괄호 안에 번호를 쓰세요.

> ① 물에 빠졌다.　　　　　② 위기에 남의 도움을 받았다.
>
> ③ 비둘기를 잡으려 했다.　④ 사냥꾼을 방해했다.

(1) 개미　　(　　　　　　　)　　(2) 비둘기　(　　　　　　　　　　　)

(3) 사냥꾼　(　　　　　　　)

3 내용 파악
다음 중 이 글의 내용과 <u>다른</u> 것을 찾으세요.

① 개미는 비둘기에게 감사 인사를 했다.

② 개미는 지푸라기에 매달려 개울에서 빠져나왔다.

③ 사냥꾼에게는 총이 있다.

④ 개미는 사냥꾼의 발꿈치를 깨물었다.

⑤ 사냥꾼은 비둘기를 잡았다.

4 요약
이 글을 한 문장으로 정리하려고 합니다. 빈칸에 알맞은 낱말을 쓰세요.

> 개미가 비둘기에게 　ㅇ　ㅎ　를 갚았다.

5 다음 중 이 글을 가장 잘 읽은 사람을 고르세요.

감상

① 수현: 비둘기가 개미를 잡아먹으려고 도와준 것 같아.

② 승희: 사람을 공격하다니. 개미는 나빠.

③ 선영: 사냥은 나쁜 짓이야. 동물을 보호해야 해.

④ 누리: 친구들에게 어려운 일이 생기면 나도 열심히 도와주어야지.

⑤ 우영: 총을 사용하면 안 돼. 사람이 다칠 수도 있거든.

6 이 글의 끝에는 교훈이 담겨 있습니다. ⓛ에 가장 알맞은 문장을 찾으세요.

주제

① 물가에서는 조심해야 합니다.

② 동물에게 돌을 던지지 맙시다.

③ 남에게 친절을 베풀면 그 친절은 반드시 자신에게 돌아옵니다.

④ 숲에서는 개미에게 물리지 않게 조심합시다.

⑤ 물에 빠질 때를 대비해 수영을 배웁시다.

7 이 글을 다음과 같이 정리하였습니다. 순서에 맞게 번호를 쓰세요.

줄거리

> ① 비둘기가 개미를 구해 주었다.
>
> ② 개미가 비둘기를 구해 주었다.
>
> ③ 개미가 물에 빠졌다.
>
> ④ 사냥꾼이 비둘기를 잡으려고 했다.

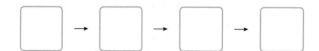

어휘력 기르기

1단계 다음 낱말의 뜻을 찾아 선으로 이으세요.

(1) 개울 •

(2) 지푸라기 •

(3) 발꿈치 •

• ㉠ 발바닥의 뒤쪽과 발목 사이의 불룩한 부분.

• ㉡ 곡식의 열매를 떨어낸 줄기와 잎.

• ㉢ 산이나 들에 흐르는 작은 물줄기.

2단계 위에서 배운 낱말을 빈칸에 넣어 문장을 완성하세요.

(1) 아저씨는 [   ] 를 꼬아 짚신을 만드셨다.

(2) 형은 [   ] 를 들고 살금살금 방에서 빠져나왔다.

(3) [   ] 이 모여 강을 이룬다.

3단계 다음 설명을 읽고 '-꾼'이 들어간 낱말을 알맞게 쓰세요.

> – 꾼: 어떤 일을 전문으로 하는 사람, 어떤 일을 즐겨 하는 사람.

(1) 총이나 활 등을 사용하여 짐승 잡는 일을 직업으로 하는 사람. [   ]

(2) 취미로 물고기를 잡는 사람. [   ]

우리말에는 흉내 내는 말이 많습니다. 흉내 내는 말이란 사람이나 **사물**의 소리나 모습을 나타내는 말입니다. ㉠이와 같은 말을 사용하면 소리나 모습을 재미있게 표현할 수 있습니다.

소리를 흉내 내는 말은 여러 가지입니다. '개굴개굴', '짹짹'과 같이 동물의 울음소리를 흉내 내는 말과, '따르릉', '땡땡땡'과 같이 물건에서 나는 소리를 흉내 내는 말이 있습니다. 그리고 '드르렁드르렁'처럼 코 **고는** 소리나, '콸콸'처럼 물이 쏟아져 흐르는 소리를 흉내 내는 말도 있습니다.

모습을 흉내 내는 말도 있습니다. '아장아장'은 키가 작은 사람이나 짐승이 천천히 걸어가는 모습을, '대롱대롱'은 작은 물건이 매달려 흔들리는 모습을 흉내 내는 말입니다. 이 외에도 '뒤뚱뒤뚱', '빙글빙글', '데굴데굴', '생글생글', '엉금엉금' 등 모습을 흉내 내는 말이 다양합니다.

흉내 내는 말을 사용하면 소리는 더 생생하게, 모습은 더 **실감** 나게 나타낼 수 있습니다.

사물 일이나 물건. 事 일 사 物 물건 물　　**고는** 자는 사람이 코를 드르렁거리는 소리를 내는.　　**실감** 실제로 느끼는 것. 實 열매 실 感 느낄 감

1

이 글에서 가장 중요한 말입니다. ㉠이 가리키는 말을 빈칸에 쓰세요.

☐ ☐ ☐ ☐ ☐

2 이 글의 내용과 같은 것에는 ○표, 다른 것에는 Ⅹ표 하세요. ○표는 모두 세 개입니다.

내용
파악

(1) '따르릉'은 모습을 흉내 내는 말이다. ( )

(2) '뒤뚱뒤뚱'은 모습을 흉내 내는 말이다. ( )

(3) 우리나라 말에는 흉내 내는 말이 많지 않다. ( )

(4) 흉내 내는 말을 사용하면 소리나 모습을 재미있게 나타낼 수 있다. ( )

(5) 사람이나 사물의 소리나 모습을 나타낸 말을 흉내 내는 말이라고 한다. ( )

3 사진에 어울리는 흉내 내는 말을 찾아 줄로 이으세요.

적용

(1)  ● ● ㉠ 땡땡땡

(2)  ● ● ㉡ 엉금엉금

(3)  ● ● ㉢ 개굴개굴

(4)  ● ● ㉣ 빙글빙글

4 다음 낱말을 '소리를 흉내 내는 말'과 '모습을 흉내 내는 말'로 나누어 쓰세요.

적용

> 꼬불꼬불   멍멍   살금살금   풍덩   쨍그랑   흔들흔들

(1) 소리를 흉내 내는 말	(2) 모습을 흉내 내는 말

5 아래 글을 읽고, 흉내 내는 말을 사용하면 좋은 점을 이야기했습니다. <u>잘못</u> 말한 사람은 누구인가요?

적용

> 동수는 <u>털썩</u> 주저앉아 <u>엉엉</u> 울고 말았습니다.

① 혜주: 동수의 모습을 더 자세하게 알 수 있어.

② 민혁: 동수가 우는 까닭을 확실하게 알 수 있어.

③ 건주: 동수가 우는 모습이 더 실감 나게 느껴져.

④ 미리: 동수가 힘없이 주저앉는 모습이 눈에 보이는 것 같아.

⑤ 성혁: 흉내 내는 말을 사용하면 소리나 모습을 실감나게 표현할 수 있어.

6 다음 흉내 내는 말 가운데 빈칸에 어울리지 <u>않는</u> 것을 찾으세요.

어휘

> 하늘에서 [   ] 비가 내렸습니다.

① 솔솔   ② 좍좍   ③ 펄펄

④ 보슬보슬   ⑤ 주룩주룩

어휘력 기르기

1단계 아래 낱말에 알맞은 뜻을 찾아 바르게 짝지으세요.

(1) 생글생글　●

●　㉠ 과일이나 채소를 베어 물 때 나는 소리.

(2) 아삭아삭　●

●　㉡ 눈과 입을 살며시 움직이며 소리 없이 정답게 자꾸 웃는 모양.

2단계 위에서 배운 낱말을 빈칸에 넣어 문장을 완성하세요.

(1) 해찬이는 사과를 [　　　　　] 씹으며 책을 읽었다.

(2) 아기가 [　　　　　] 웃으며 엄마 품에 안겼다.

3단계 빈칸에 흉내 내는 말을 알맞게 넣어 문장을 완성하세요.

| 두근두근 | 반짝반짝 | 보글보글 |

(1) 햇빛에 비친 강물이 [　　　　　] 빛난다.

(2) 김치찌개가 [　　　　　] 끓고 있다.

(3) 친구들 앞에서 노래를 부르려니 가슴이 [　　　　　] 뛰었다.

　식물은 작은 씨앗으로 **자손**을 퍼뜨리며 살아갑니다. 씨앗은 식물이 작은 모습으로 담긴 '배', 그 씨앗이 싹을 틔울 **영양소**가 모여 있는 '배젖'으로 이루어져 있습니다.

　씨앗은 떨어져서 땅속에 묻힌 뒤에 겨울 동안 추위를 피하여 잠을 잡니다. ㉠ 씨앗은 계절에 따라 밤과 낮의 길이가 달라지는 것을 느껴 봄이 온 것을 알아내는 놀라운 **능력**을 갖추고 있습니다. 그래서 씨앗은 따뜻한 봄이 온 것을 알고 잠에서 깨어날 수 있습니다. 긴 잠에서 깨어난 씨앗은 우리처럼 숨도 쉬고 물도 마시며, 땅속에 뿌리를 내리고 흙 위로는 싹을 밀어 올립니다.

　식물의 잎은, 공기에서 얻은 **이산화 탄소**, 뿌리에서 뽑아 올린 물, 태양에서 받은 햇빛으로 영양소를 만듭니다. 이러한 활동을 광합성이라고 합니다. 식물은 광합성을 통하여 자신의 몸을 이루는 물질과 살아가는 데 필요한 영양소를 만들어 쓰고 **저장**합니다. 또 이 영양소를 이용해 어른 식물로 성장합니다.

　식물은 **해충**의 공격과 질병을 막기 위한 물질도 만들어 몸을 보호합니다. 그리고 **번식**을 위해 꽃을 피우고 열매를 맺어 다시 씨앗을 퍼뜨립니다.

자손 자신의 세대(태어나서 죽을 때까지의 기간)에서 여러 세대가 지난 뒤의 자녀를 통틀어 이르는 말. 子 자식 자 孫 자손 손　**영양소** 살고 자라는 데에 필요한 에너지가 되는 물질. 營 지을 영 養 기를 양 素 성질 소　**능력** 어떤 일을 할 수 있는 힘. 能 가능할 능 力 힘 력　**이산화 탄소** 공기 중에 있는 기체의 한 종류.　**저장** 물건을 모아 보관함. 貯 쌓을 저 藏 지킬 장　**해충** 인간의 생활에 나쁜 영향을 끼치는 벌레. 害 해로울 해 蟲 벌레 충　**번식** 생물이 자기 자손을 퍼뜨리는 일. 繁 많을 번 殖 늘어날 식

1

이글의 제목으로 가장 알맞은 것을 고르세요.

① 씨앗의 구조

② 씨앗의 역할

③ 식물의 한살이

④ 식물의 광합성

⑤ 식물의 열매

2

다음 중 이 글에 실리지 않은 내용을 찾으세요.

① 씨앗은 배와 배젖으로 이루어져 있다.

② 씨앗은 봄이 온 것을 알 수 있다.

③ 식물은 햇빛을 받아 영양소를 만든다.

④ 식물은 한해살이와 여러해살이로 나뉜다.

⑤ 식물은 번식을 위해 씨앗을 퍼뜨린다.

3

식물이 광합성을 하기 위해 필요한 세 가지를 적으세요.

```
┌─────────────┐
│             │
└─────────────┘
      +
┌─────────────┐
│             │      ⇒      광합성
└─────────────┘
      +
┌─────────────┐
│             │
└─────────────┘
```

4 다음 중 이 글의 내용과 <u>다른</u> 것은 무엇인가요?

내용
파악

① 식물은 싹이 튼 뒤 광합성을 하며 자란다.

② 식물은 햇빛이 없어도 잘 자랄 수 있다.

③ 배젖은 싹을 틔울 영양소가 모인 부분이다.

④ 식물도 숨을 쉰다.

⑤ 식물은 질병과 해충을 막는 물질을 만들어 낸다.

5 다음 글을 보고, 식물이 대부분 녹색을 띠는 까닭을 찾으세요.

배경
지식

> 사실 물체는 특별한 색을 가지고 있지 않다.
>
> 물체의 표면에 빛이 닿으면 그 빛에 포함되어 있는 색 대부분은 흡수되고, 일부 색만 반사된다. 이때 반사된 빛이 우리 눈에 들어오면 우리가 그 물체의 모습과 색을 보게 된다.

① 식물은 녹색을 가장 좋아하기 때문에.

② 식물은 녹색을 흡수하기 때문에.

③ 식물은 녹색으로 광합성을 하기 때문에.

④ 식물은 처음부터 녹색으로 태어났기 때문에.

⑤ 식물은 녹색을 반사하기 때문에.

6 다음은 과학자들이 ㉠을 보고 연구를 시작한 이야기입니다. 빈칸에 알맞은 낱말을 각각 쓰세요.

추론

> 과학자들은 씨앗이 ☐ 과 ☐ 을 구별하는 물질을 지니고 있을 것으로 생각하여, 그 물질이 무엇일지 연구하였다.

어휘력 기르기

1단계　다음 낱말의 뜻을 찾아 선으로 이으세요.

(1) 해충　●

(2) 번식　●

●　㉠ 생물이 자기 자손을 퍼뜨리는 일.

●　㉡ 인간의 생활에 나쁜 영향을 끼치는 벌레.

2단계　위에서 배운 낱말을 빈칸에 넣어 문장을 완성하세요.

(1) 식물은 씨앗을 퍼뜨려 □□ 한다.

(2) □□ 때문에 농사를 망쳤다며 삼촌께서 한숨을 내쉬셨다.

3단계　식물의 각 부분의 이름을 찾아 쓰세요.

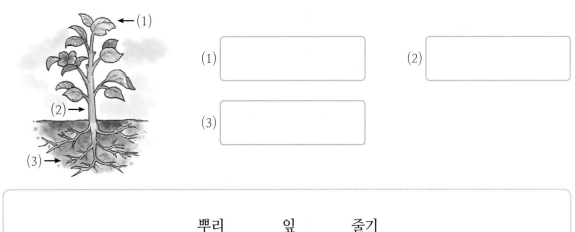

(1) [　　　　　　]　(2) [　　　　　　]

(3) [　　　　　　]

뿌리　　　잎　　　줄기

우리는 학교에서 친구들과 함께 생활합니다. 정해진 **규칙**을 서로 잘 지켜야 학교에서 평화롭고 안전하게 지낼 수 있습니다.

수업 시간에 지켜야 할 규칙이 있습니다. 수업 시간을 잘 맞추어 다닙니다. 학교는 수업 시간이 정해져 있기 때문에 늦지 않게 조심해야 합니다. 또 수업 시간에는 친구들과 떠들지 않고 선생님 말씀에 귀를 기울여야 합니다. 할 말이 있으면 손을 들고 선생님의 허락을 받아 모두 잘 듣도록 또박또박 의견을 발표합니다. 친구와 이야기하거나 화장실에 가는 일은 쉬는 시간에 합니다.

실내에서 뛰지 않습니다. 교실이나 **복도**에서 뛰어다니면 친구들과 부딪혀 다칠 수 있습니다. 특히 계단에서 뛰다가 넘어지면 크게 다칩니다. 화장실에는 바닥에 물이 떨어져 있을 수 있으므로 더욱 조심해야 합니다.

자기 물건은 자신이 잘 관리합니다. 수업 시간에 쓴 책이나 공책은 수업이 끝나면 서랍이나 **사물함**에 정리하여 넣습니다. 집에서 가지고 온 준비물은 수업 시간에 잘 쓸 수 있게 가방이나 서랍에 **보관**하고, 남은 물건은 잘 정리합니다.

알림장을 잘 씁니다. 숙제를 하거나 준비물을 챙기기 위해서는 알림장을 잘 써야 합니다. 선생님께서 전달하시는 내용을 귀 기울여 듣고 자세히 적어야 숙제나 준비물을 빼놓지 않을 수 있습니다.

이 외에도 ㉠ 각 반에서 필요한 규칙을 정할 수 있습니다. 그 규칙들을 잘 지키면 친구들과 즐겁게 지낼 수 있습니다.

규칙 여러 사람이 다 같이 지키기로 정한 법칙. 規 법 규 則 법칙 칙　**복도** 사람들이 다닐 수 있게 건물에 마련한 길. 複 겹칠 복 道 길 도　**사물함** 학교 등에서 물건을 넣어 둘 수 있게 만든 곳. 私 개인 사 物 물건 물 函 상자 함　**보관** 물건을 맡아 두고 관리함. 保 지킬 보 管 맡을 관

1 빈칸에 알맞은 낱말을 넣어 이 글의 주제를 완성하세요.

주제

☐☐ 생활 규칙을 잘 지키자.

2 다음 중 이 글의 내용과 <u>다른</u> 것을 찾으세요.

내용
파악

① 학교는 수업 시간이 정해져 있다.

② 화장실은 쉬는 시간에 간다.

③ 계단에서 뛰다가 넘어지면 크게 다친다.

④ 수업 시간에 쓴 책이나 공책은 수업이 끝나면 선생님께 드린다.

⑤ 선생님께서 전달하시는 내용을 잘 적어야 숙제나 준비물을 빼놓지 않는다.

3 숙제나 준비물을 잘 챙기려면 선생님 말씀을 잘 듣고 어디에 적어야 하나요?

내용
파악

☐☐☐

4 다음 중 규칙을 제대로 지키지 <u>않은</u> 친구는 누구인가요?

적용

① 쉬는 시간에 친구들에게 생일잔치 초대장을 나누어 준 정현.

② 수업 시간이 끝나고 나서 책과 공책을 사물함에 넣은 윤주.

③ 소변이 급해서 쉬는 시간에 화장실에 뛰어간 준성.

④ 회의 시간에 친구들에게 높임말을 쓰자는 규칙을 지킨 서영.

⑤ 다음 날 쓸 준비물을 꼼꼼하게 적은 지은.

이 글의 내용을 정리하였습니다. 빈칸에 알맞은 낱말을 쓰세요.

주장	학교 생활 규칙을 잘 지키자.
방법 1	수업 시간 규칙을 지킨다.
방법 2	실내에서 뛰지 않는다.
방법 3	자기 물건은 자신이 잘 (1) ☐ ☐ 한다.
방법 4	(2) ☐ ☐ ☐ 을 잘 쓴다.

6 **학교에서 규칙을 지키면 좋은 점을 찾으세요.**

① 잘 정리하면 필요할 때 그 물건을 쉽게 찾아 쓸 수 있다.

② 수업 시간을 잘 맞추어 다니면 아무 때나 화장실에 갈 수 있다.

③ 실내에서 뛰지 않으면 학생들이 다치지 않아 보건실을 없앨 수 있다.

④ 알림장을 잘 쓰면 숙제를 하지 않아도 된다.

⑤ 수업 시간에 선생님 말씀에 귀를 기울이면 모든 내용을 기억할 수 있다.

7 **㉠으로 가장 바람직한 것을 고르세요.**

① 숙제는 학교에서 한다.

② 친구들에게 욕을 하지 않는다.

③ 친구가 싫어하더라도 이름 대신 별명을 부른다.

④ 실내화를 가지고 오지 않은 사람은 교실에 들어올 수 없다.

⑤ 피곤한 사람은 수업 시간에 다른 사람에게 피해를 주지 않도록 조용히 엎드려 잔다.

1단계   다음 낱말의 뜻을 찾아 선으로 이으세요.

(1) 규칙 •   • ㉠ 사람들이 다닐 수 있게 건물 안에 마련한 길.

(2) 복도 •   • ㉡ 물건을 맡아 두고 관리함.

(3) 보관 •   • ㉢ 여러 사람이 다 같이 지키기로 정한 법칙.

2단계   위에서 배운 낱말을 빈칸에 넣어 문장을 완성하세요.

(1) 사람이 많은 곳에서는 자기 물건을 잘 ☐☐ 해야 한다.

(2) ☐☐ 에서 선생님과 마주치면 인사를 한다.

(3) 우리 반은 친구들에게 욕을 하지 않기로 ☐☐ 을 정했다.

3단계   다음 뜻에 알맞은 낱말을 빈칸에 넣어 십자말풀이를 하세요.

(1) 어떤 일을 하기 위해 미리 갖추어 놓아야 할 물건.

(2) 학교 등에서 물건을 넣어 둘 수 있게 만든 곳.

그만뒀다

문삼석

신발 물어 던진
강아지 녀석
혼내 주려다
그만뒀다.

살래살래 흔드는
고 꼬리 땜에…….

우유병 넘어뜨린
고양이 녀석
꿀밤을 먹이려다
그만뒀다.

쫑긋쫑긋 세우는
고 귀 땜에…….

살래살래 작은 동작으로 몸의 한 부분을 가볍게 잇따라 가로 흔드는 모양.   **꿀밤** 주먹 끝으로 가볍게 머리를 때리는 행동.   **쫑긋쫑긋** 자꾸 입술이나 귀 따위를 빳빳하게 세우거나 뾰족이 내미는 모양.

1 이 글의 종류는 무엇인가요?

글의
종류

① 일기

② 편지

③ 동화

④ 시

⑤ 만화

2 강아지가 물어 던진 것은 무엇인가요?

내용
파악

① 옷

② 우유병

③ 신발

④ 물병

⑤ 양말

3 고양이가 넘어뜨린 것은 무엇인가요?

내용
파악

① 옷

② 우유병

③ 신발

④ 물병

⑤ 양말

4 강아지가 한 일은 무엇인가요?

내용
파악

① 귀를 세웠다.

② 꼬리를 흔들었다.

③ 우유병을 넘어뜨렸다.

④ 고양이에게 꿀밤을 먹였다.

⑤ 신발을 물어 가져왔다.

5 말하는 이가 고양이에게 꿀밤을 먹이려다 그만둔 까닭을 고르세요.

추론

① 고양이가 꼬리를 흔드는 모습이 귀여워서.

② 고양이가 신발을 물어 던진 강아지를 혼내 주어서.

③ 고양이가 귀를 다쳐서.

④ 고양이가 우유병을 넘어뜨리고 다시 세워 놔서.

⑤ 고양이가 귀를 세우는 모습을 보고 마음이 약해져서.

6 이 시의 1연과 3연에서 말하는 이의 마음이 변하였습니다. 빈칸에 알맞은 마음을 고르세요.

추론

(　　　　　) 마음 → 용서하는 마음

① 화난　　　　　　② 슬픈　　　　　　③ 기쁜

④ 부러운　　　　　⑤ 즐거운

7 이 시와 <u>관계없는</u> 생각이나 느낌을 말한 사람을 고르세요.

감상

① 지수: 강아지가 용서해 달라는 듯 귀엽게 꼬리를 흔드는 행동이 보이는 듯했어.

② 태영: 귀를 쫑긋 세우고 빤히 나를 쳐다보는 고양이가 떠올랐어.

③ 유현: 앞으로는 우유를 많이 마셔야겠어.

④ 경훈: 나였으면 말썽을 일으킨 강아지와 고양이를 혼내 주었을 거야.

⑤ 범준: 나도 강아지나 고양이를 키우고 싶어졌어.

1단계 다음 낱말들의 뜻을 알맞게 이으세요

(1) 꿀밤 •

(2) 살래살래 •

(3) 쫑긋쫑긋 •

• ㉠ 작은 동작으로 몸의 한 부분을 가볍게 잇따라 가로 흔드는 모양.

• ㉡ 자꾸 입술이나 귀 따위를 빳빳하게 세우거나 뾰족이 내미는 모양.

• ㉢ 주먹 끝으로 가볍게 머리를 때리는 행동.

2단계 다음 문장의 빈칸에 알맞은 낱말을 위에서 찾아 쓰세요.

(1) 나는 발표를 하기 싫어서 머리를 [   ] 흔들었다.

(2) 아버지는 거짓말한 동생에게 [   ] 을 먹이셨다.

(3) 이상한 소리가 들려오자 고양이가 귀를 [   ] 세웠다.

3단계 다음 표의 빈칸에 알맞은 낱말을 쓰세요.

얼굴 부위	귀	(1)	(2)
하는 일	소리를 듣는다.	냄새를 맡는다.	음식을 먹는다.

옛날, 깊은 **산골** 마을에 마음씨 착한 할아버지와 할머니가 정답게 살고 있었습니다. 어느 날, 할아버지는 나무를 하러 깊은 산속에 들어갔다가 **샘**을 발견하였습니다. 마침 목이 말랐던 할아버지는 **샘물**을 마셨습니다.

"거참 시원하다!"

샘물을 마신 뒤, 할아버지는 풀숲에서 **까무룩** 잠이 들었습니다. 해가 저물자 할아버지는 집으로 돌아갔습니다. 할머니는 할아버지 얼굴을 보며 말했습니다.

㉠ "당신 딴사람 같아요. 아주 젊어지셨어요."

주름투성이였던 할아버지 얼굴이 젊게 변한 것이었습니다.

이튿날, 할아버지는 할머니를 그 샘으로 데려갔습니다. 샘물을 마신 할머니도 젊어졌습니다.

이 소식을 듣고, 이웃에 사는 욕심쟁이 할아버지도 샘물을 마시러 산속으로 갔습니다. 욕심쟁이 할아버지는 배가 부를 때까지 샘물을 마셨습니다. 그러고는 잠이 들었습니다. 그런데 너무 많이 마신 탓인지 욕심쟁이 할아버지는 그만 ㉡ [   ]가 되고 말았습니다.

욕심쟁이 할아버지가 돌아오지 않자, 착한 할아버지 부부는 욕심쟁이 할아버지를 찾으러 산속으로 갔습니다. 그런데 **샘터**에서 아기의 울음소리가 들려왔습니다.

"으앙, 으앙"

할머니는 깜짝 놀라며 아기를 **품**에 안았습니다.

"어머, 웬 아기일까요?"

자식이 없어 외롭던 착한 할아버지 부부는 아기를 데려와 잘 길렀습니다.

– 전래 동화

산골 깊은 산속.   **샘** 땅속에 있는 물이 솟아 나오는 곳.   **샘물** 샘에서 나오는 물.   **까무룩** 정신이 갑자기 흐려지는 모양.   **샘터** 샘물이 솟아 나오는 곳. 또는 그 주변.   **품** 팔로 안을 때의 가슴.

1

제목

이 글의 제목으로 가장 알맞은 것을 고르세요.

① 시원한 샘물　　　　　　　② 젊어지는 방법

③ 젊어지는 샘물　　　　　　④ 할아버지의 꾀

⑤ 착한 할아버지와 욕심쟁이 할머니

2

어휘

아래의 뜻을 지닌 낱말을 이 글에서 찾아, 문장을 완성하세요.

> 정신이 갑자기 흐려지는 모양.

예준이는 책을 읽다가 ☐☐☐ 잠이 들었다.

3

추론

㉠을 말할 때 할머니의 마음은 어떠했을지 알맞은 것을 고르세요.

① 놀랐다.　　　　　　　② 슬펐다.

③ 무서웠다.　　　　　　④ 우스웠다.

⑤ 창피했다.

4

내용
파악

㉡에 들어갈 낱말을 글에서 찾아 쓰세요.

☐☐

5 착한 할아버지가 젊은이로 변한 까닭은 무엇인가요?

내용
파악

① 잠을 실컷 자서.

② 샘물을 마셔서.

③ 착하게 살아서.

④ 산신령이 도와주어서.

⑤ 공기가 좋은 산골에 살아서.

* **산신령** 산을 지키고 다스리는 신.

6 이 글에 나오지 않은 장면을 고르세요.

내용
파악

① 할머니가 젊어진 모습.

② 아기가 울고 있는 모습.

③ 착한 할아버지가 샘물을 마시는 모습.

④ 욕심쟁이 할아버지가 젊은이가 된 모습.

⑤ 착한 할아버지가 풀숲에서 잠든 모습.

7 욕심쟁이 할아버지가 ⓒ처럼 된 까닭은 무엇인가요?

추론

① 샘물을 조금만 먹어서.

② 샘물을 욕심껏 많이 먹어서.

③ 과거를 반성하고 새로운 사람이 되고 싶어서.

④ 욕심을 부린 할아버지에게 산신령이 벌을 내려서.

⑤ 샘물이 있는 곳을 알려 준 할아버지에게 보답하려고.

1단계 아래 낱말에 알맞은 뜻을 찾아 바르게 짝지으세요.

(1) 정답게 •   • ㉠ 해가 져서 어두워지자.

(2) 외롭던 •   • ㉡ 의지할 곳이 없어 쓸쓸하던.

(3) 저물자 •   • ㉢ 따뜻한 정이 있게.

2단계 위에서 배운 낱말을 빈칸에 넣어 문장을 완성하세요.

(1) 해가 ☐☐☐ 아이들은 집으로 돌아갔다.

(2) 은태와 소라는 마주 앉아 ☐☐☐ 이야기를 나눴다.

(3) 효주는 ☐☐☐ 할머니에게 말동무가 되어 드렸다.

3단계 설명을 읽고, 빈칸에 공통으로 들어갈 말을 앞 글에서 찾아 쓰세요.

어떤 낱말 뒤에 붙어 '그것이 많은 상태'를 뜻한다.

(1) ┌ 할아버지 손은 쭈글쭈글 주름 ☐☐☐ 였다.

└ 건후의 옷은 흙 ☐☐☐ 가 되어 있었다.

명절이란 해마다 일정하게 지켜서 즐기거나 기념하는 때를 말합니다. 우리나라의 명절에는 설날과 정월 대보름, 단오, 추석 등이 있습니다. 이 중에서 정월 대보름은 한 해의 건강과 **평안**을 **기원**하는 날로, 날짜는 **음력** 1월 15일입니다.

정월 대보름에는 다양한 음식을 먹습니다. 아침에 일어나면 땅콩, 호두, 잣, 밤 같은 **부럼**을 깨물어 먹습니다. 이가 단단해지고 한 해 동안 건강하기를 기원하는 일입니다. 아침밥을 먹기 전에는, **남녀노소** 귀가 밝아지라는 의미로 귀밝이술을 마시기도 합니다. 또 다섯 가지 곡식으로 만든 오곡밥과 열 가지 나물로 만든 반찬을 먹으며 부족한 영양분을 **보충**합니다.

정월 대보름에는 여러 가지 재밌는 놀이도 합니다. 줄다리기나 **쥐불놀이**는 한 해 농사가 잘되기를 기원하며 즐기는 놀이입니다. **달집태우기**를 하면서 한 해 동안 나쁜 일이 생기지 않기를 바라기도 합니다. 더위팔기는 상대방의 이름을 불러 더위를 파는 놀이로, 그해 여름을 덥지 않게 해 달라는 의미가 있습니다.

평안 걱정이나 탈이 없음. 平 편안할 평 安 편안할 안   **기원** 바라는 일이 이루어지기를 빎. 祈 빌 기 願 원할 원
음력 달이 지구를 한 바퀴 도는 시간을 기준으로 만든 달력. 陰 그늘 음 曆 달력 력   **부럼** 딱딱한 열매류인 땅콩, 호두, 잣, 밤 따위를 통틀어 이르는 말.   **남녀노소** 남자와 여자, 늙은이와 젊은이란 뜻으로, 모든 사람을 이르는 말. 男 사내 남 女 여자 녀 老 늙을 노 少 젊을 소   **보충** 부족한 것을 보태어 채움. 補 보탤 보 充 채울 충
쥐불놀이 기다란 막대기나 줄에 불을 달고 빙빙 돌리며 노는 놀이.   **달집태우기** 정월 대보름날 달이 떠오를 때에 달집(나뭇가지를 묶어 쌓아 올린 무더기)에 불을 지르며 노는 놀이.

1 정월 대보름은 음력으로 언제인지 쓰세요. 숫자는 한 칸에 두자까지 쓸 수 있습니다.

내용
파악

□ 월 □ 일

2 이 글에서 정월 대보름에 먹는 음식으로 소개하지 <u>않은</u> 것을 고르세요.

내용
파악

① 부럼 ② 귀밝이술 ③ 오곡밥

④ 팥죽 ⑤ 나물

3 다음 중 부럼에 속하지 <u>않는</u> 음식을 고르세요.

내용
파악

① 땅콩 ② 옥수수 ③ 호두

④ 잣 ⑤ 밤

4 이 글에서 정월 대보름에 하는 놀이로 소개하지 <u>않은</u> 것을 고르세요.

내용
파악

① 줄다리기 ② 쥐불놀이 ③ 달집태우기

④ 윷놀이 ⑤ 더위팔기

5 '남자와 여자, 늙은이와 젊은이란 뜻으로, 모든 사람을 이르는 말'을 이 글에서 찾아 쓰세요.

어휘

□ □ □ □

6 다음은 명절 '단오'에 대한 설명입니다. 잘못 말한 친구를 고르세요.

적용

> '단오'는 1년 중에서 양기(세상의 모든 것이 살아 움직이는 활발한 기운)가 가장 강한 날이며, 날짜는 음력 5월 5일이다. 단오에는 수리취떡(식물 수리취의 잎을 넣어 만든 떡)이나 오곡밥을 먹으며, 그네뛰기와 씨름 등을 즐긴다.

① 연지: 단오도 정월 대보름처럼 우리나라의 대표 명절 중 하나야.

② 주환: 단오는 정월 대보름보다 날씨가 따뜻해서 명절을 지내기에 좋겠어.

③ 재희: 단오는 음력으로, 정월 대보름은 양력으로 날짜를 정해.

④ 영미: 단오에도 정월 대보름처럼 오곡밥을 만들어 먹는구나.

⑤ 경환: 조상들은 양기를 좋아했나 봐. 양기가 제일 강한 날을 명절로 만든 걸 보니 말이야.

7 다음은 우리나라의 대표 명절을 정리한 표입니다. 빈칸에 알맞은 내용을 쓰세요.

배경
지식

명절	설날	(1) ( )	단오	추석
날짜 (음력)	1월 1일	1월 15일	(2) ( )	8월 15일
음식	떡국	부럼 오곡밥	수리취떡 오곡밥	(3) ( )
놀이	(4) ( )	줄다리기 쥐불놀이	그네뛰기 씨름	강강술래

어휘력 기르기

8 문제 가운데 (   ) 문제 맞힘

1단계 아래 낱말에 알맞은 뜻을 찾아 바르게 짝지으세요.

(1) 평안 •

(2) 음력 •

(3) 보충 •

• ㉠ 부족한 것을 보태어 채움.

• ㉡ 걱정이나 탈이 없고, 무사히 잘 있음.

• ㉢ 달이 지구를 한 바퀴 도는 시간을 기준으로 만든 달력.

2단계 다음 문장의 빈칸에 알맞은 낱말을 위에서 찾아 쓰세요.

(1) 저의 생일은 [   ][   ] 으로 3월 23일입니다.

(2) 어려운 내용에는 [   ][   ] 설명이 필요합니다.

(3) 올해에도 모두 [   ][   ] 하시길 바랍니다.

3단계 다음 문장을 읽고 밑줄 친 낱말을 아래 칸에 바르게 고쳐 쓰세요.

(1) 아침에 일어나면 땅콩, 호두, 잣, 밤 같은 부럼을 깨무러 먹습니다.

[   ][   ][   ]

(2) 정월 대보름에는 여러 가지 재밋는 놀이도 많이 합니다.

[   ][   ][   ]

해거름에는 서쪽 하늘이 **노을**로 예쁘게 물든다.

한 언어를 쓰는 사람들이 예전부터 써 오는 말을 '토박이말'이라고 합니다. 위 문장에서는 '해거름', '하늘', '노을' 같은 토박이말이 쓰여 부드럽고 아름다운 느낌을 줍니다.

토박이말 가운데에는 날씨와 관계 깊은 말도 많습니다.

산들바람	뜻	시원하고 가볍게 부는 바람.
	예	산에 오르니 산들바람이 땀을 식혀 주었다.
소소리바람	뜻	이른 봄에 살 속으로 스며드는 듯이 차고 매서운 바람.
	예	봄이 되었는데도 소소리바람이 불어서 무척 추웠다.
가랑비	뜻	가늘게 내리는 비.
	예	가랑비가 내려서 우산을 쓸지 말지 고민하였다.
여우비	뜻	햇볕이 나 있는 날 잠깐 내리다가 그치는 비.
	예	여우비가 살짝 뿌리고 나자 하늘에 무지개가 걸렸다.
함박눈	뜻	굵고 탐스럽게 내리는 눈.
	예	동생과 나는 함박눈을 맞으며 눈사람을 만들었다.
싸라기눈	뜻	빗방울이 갑자기 찬 바람을 만나 얼어 떨어지는 쌀알 같은 눈.
	예	저녁이 되자 빗방울이 싸라기눈으로 바뀌어 내렸다.

해거름 해가 서쪽으로 넘어가는 일. 또 그런 때.   **노을** 해가 뜨거나 질 무렵에, 하늘이 햇빛에 물들어 벌겋게 보이는 현상.

1 다음 빈칸에 알맞은 낱말을 넣어 이 글의 제목을 완성하세요.

제목

날씨를 나타내는 ☐☐☐☐

2 이 글에 실리지 <u>않은</u> 것은 무엇인가요?

내용
파악

① 바람 종류 토박이말.　　　　② 비 종류 토박이말.

③ 눈 종류 토박이말.　　　　　④ 구름 종류 토박이말.

3 다음 중 이 글의 내용과 <u>다른</u> 것을 찾으세요.

내용
파악

① 산들바람은 시원하고 가볍게 부는 바람이다.

② 소소리 바람은 차고 매서운 바람이다.

③ 여우비는 햇볕이 나 있는 날 잠깐 내리다가 그치는 비다.

④ 함박눈은 굵고 탐스럽게 내리는 눈이다.

⑤ 싸라기눈은 눈이 갑자기 따뜻한 바람을 만나 녹아 떨어지는 비다.

4 다음 중 밑줄 친 낱말이 어색하게 쓰인 문장을 고르세요.

적용

① <u>싸라기눈</u>이 내려 도로가 흠뻑 젖었다.

② 어제 <u>함박눈</u>이 내려 친구들과 눈싸움을 했다.

③ <u>여우비</u>가 내리는 바람에 우리 마을이 물에 잠겼다.

④ 우산을 썼는데도 <u>가랑비</u>가 바람에 실려 와 옷이 젖었다.

⑤ 산에서 <u>산들바람</u>이 솔솔 불어왔다.

5 다음 중 이 글을 가장 잘 읽은 사람을 찾으세요.

감상

① 민지: 나는 눈이나 비 오는 날이 싫어. 늘 맑으면 좋겠어.

② 진형: 맑은 날씨를 나타내는 토박이말을 알고 싶어졌어.

③ 미주: 아침에 무지개가 뜨면 비가 온다는데, 정말 그럴까?

④ 재영: 여우비처럼 갑자기 내리는 비가 싫어. 비는 왜 내릴까?

⑤ 연후: 평상시에 잘 쓰지도 않는데 토박이말을 왜 배워야 하지?

6 다음 중 실제로 부는 바람이 아닌 것은 무엇일까요?

배경
지식

① 일기예보에서 오늘 저녁에 비바람이 심하게 몰아칠 것이라고 했다.

② 문틈으로 들어오는 황소바람 때문에 코끝이 시리다.

③ 주말에 놀이공원에 가자는 부모님 말씀에 형준이는 신바람이 났다.

④ 갑자기 우리 앞에 돌개바람이 불어서 흙먼지가 날렸다.

⑤ 바닷가에 도착했지만 칼바람 때문에 밖에 나갈 수 없었다.

7 다음은 우리나라 속담과 그 뜻입니다. 빈칸에 어울리는 낱말을 앞 글에서 찾아 쓰세요.

배경
지식

에 옷 젖는 줄 모른다

> 가늘게 내리는 비는 옷을 조금씩 젖게 하기 때문에 옷이 젖는 줄을 깨닫지 못한다는 뜻을 지닌 말. 아무리 사소한 것이라도 그것이 반복되면 무시하지 못할 정도로 크게 됨을 비유적으로 이른다.

1단계 다음 낱말의 뜻을 찾아 선으로 이으세요.

(1) 노을 •   • ㉠ 해가 서쪽으로 넘어가는 일. 또 그런 때.

(2) 해거름 •   • ㉡ 해가 뜨거나 질 무렵에, 하늘이 햇빛에 벌겋게 보이는 현상.

2단계 위에서 배운 낱말을 빈칸에 넣어 문장을 완성하세요.

(1) 우리는 [   ] 로 물든 하늘을 한참 바라보았다.

(2) 어머니는 [   ] 전에 돌아오라고 말씀하셨다.

3단계 다음 낱말의 뜻을 보고 빈칸에 어울리는 낱말을 쓰세요.

> **먹구름**: 몹시 검은 구름.
> **뭉게구름**: 아래는 평평하고 꼭대기는 솜을 쌓아 놓은 것처럼 뭉실뭉실한 모양으로 하얗게 빛나는 구름.

(1) 동생은 [   ] 을 보더니 하얀 솜사탕 같다고 말했다.

(2) [   ] 이 잔뜩 끼어 주변이 어두워졌다.

세종은 조선 태종의 셋째 아들로 태어났습니다. 보통은 첫째 아들이 **세자**의 자리를 차지합니다. 하지만 태종은 셋째 아들을 세자로 삼고, 왕의 자리를 물려 주었습니다. 세종이 형제들보다 **학식**이 뛰어나고 성품이 **어질었기** 때문입니다.

왕위에 오른 세종은 많은 일을 했습니다. 그 가운데서도 가장 빛나는 것은 우리글, '**훈민정음**'을 만든 일입니다.

훈민정음이 만들어지기 전, 우리나라 사람들은 한자로 글을 썼습니다. 그런데 중국의 글자인 한자는 너무 어렵고 복잡해서 백성들은 배우기 어려웠습니다. 그래서 세종은 백성들이 쉽게 배우고 쓸 수 있는 글자를 만들고 싶었습니다.

세종이 새로운 글자를 만드는 데에 반대하는 **신하**들도 있었습니다. 중국은 우리보다 크고 힘이 센데, 그들의 글자인 한자를 버리면 중국의 미움을 받을 것이 뻔했기 때문입니다. 하지만 신하들의 반대에도 세종은 포기하지 않았습니다.

세종은 새 글자를 만들기 시작했습니다. 그리고 1446년, 집현전 **학자**들의 도움을 받아 새로운 글자인 '훈민정음'을 완성하였습니다. 세종은 온 백성에게 ㉠ <u>이 사실</u>을 알렸습니다. 훈민정음은 '백성을 가르치는 바른 소리'라는 뜻입니다. 누구나 쉽게 배우고 쓸 수 있는 이 글은 백성들의 생활 속으로 퍼져 나갔습니다.

세종이 만든 훈민정음 28자 가운데, 네 자(· 아래아, ㆁ 옛이응, ㆆ 여린 히읗, △ 반치음)는 사라지고, 지금은 자음 14자, 모음 10자로 총 24자가 쓰이고 있습니다.

오늘날, 사람들은 세종을 '왕'이 아닌, '**대왕**'이라고 높여 부릅니다. 백성을 아끼고 사랑하며 ㉡ <u>그들</u>이 잘 살 수 있는 방법을 연구하고 실천한 왕이기 때문입니다.

세자 왕의 자리를 이을 왕자. 世 인간 세 子 아들 자   **학식** 배우고 익혀 쌓은 지식. 學 배울 학 識 알 식   **어질었기** 마음이 너그러우며 슬기로웠기.   **왕위** 임금의 자리. 王 임금 왕 位 자리 위   **훈민정음** 세종이 만든 우리나라 글자. 訓 가르칠 훈 民 백성 민 正 바를 정 音 소리 음   **신하** 임금을 모시면서 벼슬에 올라 나랏일을 하던 사람. 臣 신하 신 下 아래 하   **학자** 학문을 연구하는 사람. 學 배울 학 者 사람 자   **대왕** 훌륭하고 뛰어난 임금을 높여 이르는 말. 大 큰 대 王 임금 왕

1 누구에 관한 글인가요?

인물

2 이 글의 내용으로 <u>틀린</u> 것을 고르세요.

내용
파악

① 세종은 태종의 셋째 아들로 태어났다.

② 훈민정음이 만들어지기 전에는 한자로 글을 썼다.

③ 세종이 훈민정음을 만드는 것을 반대하는 신하도 있었다.

④ 중국의 글자는 쉽고 간단해서 백성들도 쉽게 배울 수 있었다.

⑤ 훈민정음 28자 가운데 네 자(•, ㆁ, ㆆ, ㅿ)는 지금은 쓰이지 않고 있다.

3 밑줄 친 ㉠의 '이 사실'은 무엇인가요?

내용
파악

① 훈민정음을 만든다는 것.   ② 훈민정음을 완성하였다는 것.

③ 한자는 어렵고 복잡하다는 것.   ④ 훈민정음은 모두 28자라는 것.

⑤ 집현전 학자들의 도움을 받은 것.

4 다음은 자음 14자와 모음 10자를 정리한 표입니다. 빈칸을 채우세요.

적용

자음	ㄱ		ㄷ		ㅁ		ㅅ	
	ㅈ		ㅋ		ㅍ			

모음	ㅏ		ㅓ		ㅗ		ㅜ		ㅡ	

5 '훈민정음'의 뜻을 앞 글에서 찾아 쓰세요.

내용
파악

---

6 밑줄 친 ⓛ의 '그들'이 가리키는 사람은 누구인가요?

내용
파악

① 학자   ② 신하   ③ 백성

④ 왕   ⑤ 중국 사람

7 아래에서 설명하는 '이곳'은 어디인가요? 앞 글에서 찾아 쓰세요.

배경
지식

> 세종 대왕이 궁궐 안에 세운 연구소다. 이곳의 이름은 '현명한 이들을 모아 둔 곳'이라는 뜻을 지녔다. 여기서 학자들은 세종 대왕을 도와 훈민정음을 완성하고, 백성들이 살기 좋은 나라를 만들 방법을 연구했다. 하지만 세종 대왕이 죽은 지 얼마 지나지 않아 이곳은 사라졌다.

8 이와 같은 글을 쓴 목적은 무엇인가요?

추론

① 다른 사람을 초대하려고.

② 하루의 일을 기록하려고.

③ 자기의 생각을 다른 사람에게 알리려고.

④ 사람들에게 재미를 주려고.

⑤ 한 사람의 삶과 한 일을 소개하려고.

1단계　다음 낱말의 뜻을 찾아 선으로 이으세요.

(1) 세자　•　　　　　　　　　　• ㉠ 임금의 자리.

(2) 왕위　•　　　　　　　　　　• ㉡ 학문을 연구하는 사람.

(3) 학자　•　　　　　　　　　　• ㉢ 왕의 자리를 이을 왕자.

2단계　위에서 배운 낱말을 빈칸에 넣어 문장을 완성하세요.

(1) 세종은 아버지 태종의 뒤를 이어 　　　　에 올랐다.

(2) 나는 역사를 연구하는 　　　가 되고 싶다.

(3) 　　　가 되면 좋은 임금이 되기 위하여 다양한 교육을 받았다.

3단계　아래 문장이 자연스럽게 이어지도록 알맞은 낱말과 짝지으세요.

(1) 문구점에서 학용품을　•

(2) 운동을 직업으로　•　　　　　　　　　• ㉠ 사다

(3) 사람들에게서 의심을　•　　　　　　　　　• ㉡ 삼다

(4) 강아지를 친구로　•

도토리

유성윤

때굴때굴 도토리
어디서 왔나?

단풍잎 곱게 물든
산골서 왔지.

때굴때굴 도토리
어디서 왔나?

다람쥐 **한눈팔** 때
굴러서 왔지.

도토리 참나뭇과 나무의 열매. 딱딱한 껍질 속에 든 알맹이로 묵을 만들어 먹는다.　　**한눈팔** 봐야 할 곳을 보지 않고 다른 곳을 볼.

1

핵심어

이 시의 중심 낱말은 무엇인가요?

① 도토리　　　　　　② 단풍잎

③ 산골　　　　　　　④ 다람쥐

⑤ 한눈

2 이 시와 어울리는 계절은 언제인가요?

추론

① 봄   ② 여름

③ 가을   ④ 겨울

3 이 시와 가장 어울리는 곳을 찾으세요.

추론

① 도시   ② 산

③ 학교   ④ 놀이공원

⑤ 바닷가

4 도토리는 어디에서 굴러왔나요?

내용
파악

5 다음 중 이 시의 내용과 <u>다른</u> 것을 찾으세요.

내용
파악

① 산에 단풍잎이 곱게 물들었다.

② 말하는 이는 도토리가 어디에서 왔는지 알고 있다.

③ 단풍잎이 물들었을 때 도토리가 왔다.

④ 다람쥐가 도토리를 맛있게 먹었다.

⑤ 도토리는 말하는 이에게 굴러왔다.

6 이 시의 느낌으로 가장 알맞은 것을 고르세요.

감상

① 무섭다   ② 활기차다

③ 부끄럽다   ④ 슬프다

⑤ 답답하다

7 이 시를 재미있게 읽은 까닭으로 적당하지 않은 의견을 고르세요.

감상

① 성연: 같은 낱말이 반복되어 리듬이 느껴져.

② 정훈: 묻고 대답하는 방식이 쓰인 것이 독특해.

③ 영민: '때굴때굴'이라는 낱말 때문에 도토리가 내 앞에서 구르는 것 같아.

④ 종운: 1연과 3연이 똑같고, 2연과 4연이 비슷한 게 특이해.

⑤ 현주: 도토리를 누가 먹었는지 궁금해.

* **리듬**: 일정한 박자나 규칙에 의한 음의 길고 짧음, 세고 여림 등의 흐름.

8 이 시의 1, 3, 5, 7행은 7글자, 2, 4, 6, 8행은 5글자로 이루어져 있습니다. 글쓴이가 시를 이렇게 지은 까닭은 무엇일까요?

추론

① 우연히 글자 수가 맞아서.

② 시를 예쁘게 쓰려고.

③ 읽을 때 리듬감을 느끼게 하려고.

④ 글쓴이가 7과 5를 좋아해서.

⑤ 다른 시와는 다르게 쓰려고.

어휘력 기르기

1단계　다음 낱말의 뜻을 찾아 선으로 이으세요.

(1) 단풍　●

(2) 산골　●

(3) 한눈　●

● ㉠ 봐야 할 곳을 보지 않고 다른 곳을 보는 눈.

● ㉡ 가을에 식물의 잎이 붉거나 누렇게 변하는 현상.

● ㉢ 멀리 따로 떨어져 깊은 산속.

2단계　위에서 배운 낱말을 빈칸에 넣어 문장을 완성하세요.

(1) 길을 걸을 때 　　　　　 을 팔면 사고를 당할 수 있다.

(2) 가을이 되자 　　　　　 이 들어 산이 울긋불긋 아름다워졌다.

(3) 이런 　　　　　 에는 호랑이가 살고 있을 것만 같다.

3단계　다음 낱말에 알맞은 사진을 찾아 선으로 이으세요.

(1) 도토리　●

● ㉠

(2) 밤　●

● ㉡

옛날 어느 마을에 부자가 살고 있었습니다. 그 부자에게는 말만 하면 무엇이든지 만들어 내는 **맷돌**이 있었습니다. '나와라, 쌀!' 하면 쌀이 나오고, '그쳐라, 쌀!' 하면 나오던 쌀이 **그치는** 신기한 맷돌이었습니다.

부자는 맷돌을 이용하여 가난한 사람들에게 음식과 옷을 나누어 주었습니다. 그 모습을 본 도둑은 부자의 맷돌을 탐냈습니다.

"저 맷돌만 있으면 나도 부자가 될 수 있겠어!"

어느 날, 도둑은 모두가 잠든 사이에 부자의 집에 몰래 들어가 맷돌을 훔쳤습니다. 도둑은 배를 타고 멀리 도망을 가다가 맷돌의 **능력**이 진짜인지 **시험**해 보고 싶었습니다.

도둑은 소금을 갖고 싶어 맷돌 앞에 앉아 큰 목소리로 외쳤습니다.

"㉠ _____ , 소금!"

도둑의 말이 끝나기가 무섭게 맷돌이 스르륵 돌아가기 시작하더니 새하얀 소금이 쏟아져 나왔습니다. 얼마 지나지 않아 배 안은 소금으로 가득 찼고, 도둑은 신이 나서 노래를 불렀습니다.

하지만 소금이 너무 많이 쏟아져 나와서 배가 한쪽으로 기울기 시작했습니다. 도둑은 너무 당황한 나머지 맷돌을 멈추게 하는 말을 잊어버렸습니다.

"㉡ _____ "

소금은 계속 쏟아져 나왔고, 결국 도둑이 탄 배는 맷돌과 함께 바닷속으로 완전히 가라앉고 말았습니다.

그 후에도 맷돌은 바닷속에서 쉬지 않고 소금을 만들었습니다. 바다 깊은 곳에 가라앉은 맷돌을 아무도 멈추지 못했기 때문입니다. 그래서 바닷물은 소금처럼 짠맛이 나게 되었답니다.

– 전래 동화

맷돌 곡식을 가는 데 쓰는 기구. 둥글넓적한 돌 두 짝을 포개어, 윗돌의 구멍에 곡식을 넣으면서 손잡이를 돌려서 간다.　**그치는** 계속되던 일이나 움직임이 멈추거나 끝나는.　**능력** 어떤 일을 할 수 있는 힘. 能 능할 능 力 힘 력　**시험** 사물의 성질이나 기능 따위를 실제로 검사하고 평가함. 試 시험 시 驗 시험 험

1

제목

이 글의 제목으로 알맞은 것을 고르세요.

① 도둑을 속이는 맷돌

② 소금이 나오는 맷돌

③ 부자가 버린 맷돌

④ 소금을 훔친 도둑

⑤ 소금을 파는 부자

2

내용
파악

이 글 속 부자에 대한 설명으로 알맞은 것을 고르세요.

① 사람들을 괴롭힌다.

② 겁이 많다.

③ 마음이 착하다.

④ 욕심이 많다.

⑤ 소금을 좋아한다.

3

내용
파악

이 글의 내용으로 바르지 <u>않은</u> 것은 무엇인가요?

① 부자는 가난한 사람들에게 음식과 옷을 나누어 주었다.

② 도둑은 부자의 집에 몰래 들어가 맷돌을 훔쳤다.

③ 도둑은 쌀을 갖고 싶어서 맷돌로 쌀을 만들었다.

④ 도둑은 당황한 나머지 맷돌을 멈추게 하는 말을 잊어버렸다.

⑤ 도둑이 탄 배는 맷돌과 함께 바닷속으로 가라앉았다.

4 이 글에서 도둑이 맷돌을 훔쳐 달아난 곳은 어디인가요?

내용
파악

① 산　　　　　　　② 궁궐　　　　　　　③ 동굴

④ 바다　　　　　　　⑤ 도둑의 집

5 ㉠에 알맞은 말을 이 글에서 찾아 쓰세요.

추론

☐ ☐ ☐

6 ㉡에 들어갈 도둑의 말로 가장 알맞은 것을 고르세요.

추론

① 소금 말고 쌀을 만드는 방법을 부자한테 물어볼 걸 그랬네.

② 하하! 나도 이제 부자가 될 수 있겠어.

③ 소금을 너무 많이 만들면 맷돌이 망가질 수 있으니 조심해야지.

④ 음, 배가 고프니 맷돌로 음식을 만들어 볼까?

⑤ 이런, 배가 가라앉겠어. 어쩌면 좋지?

7 이 글에서 말한, '바닷물이 짜게 된 원인'을 다음과 같이 정리했습니다. 빈칸에 들어갈 낱말을 앞 글

요약 에서 찾아 쓰세요.

> 도둑과 함께 (1) ☐ ☐ 깊은 곳에 가라앉은 (2) ㅁ ㄷ 이 쉬지 않고
>
> (3) ㅅ ㄱ 을 만들어 내기 때문이다.

어휘력 기르기

1단계 다음 뜻에 알맞은 낱말을 쓰세요.

능력	시험

(1) 어떤 일을 할 수 있는 힘.

(2) 사물의 성질이나 기능 따위를 실제로 검사하고 평가함.

2단계 다음 글의 빈칸에 들어갈 낱말을 위에서 찾아 쓰세요.

(1) 새로 산 장난감이 잘 움직이는지 □□ 해 보았다.

(2) 내게는 그 일을 처리할 □□ 이 없다.

3단계 다음 두 낱말의 설명을 읽고 빈칸에 알맞은 낱말을 쓰세요.

> **당황한**: 놀라거나 다급하여 어찌할 바를 모르는.
>
> **황당한**: 말이나 행동 따위가 올바르지 않고 터무니없는.

(1) 너무 □□□ 이야기여서 믿어지지 않는다.

(2) 너무 □□□ 나머지 가방을 버스에 두고 내렸다.

　　겨울이 끝나갈 **무렵**, 크고 작은 꽃들이 피어나며 우리에게 봄소식을 전합니다. 봄은 꽃, 곤충 등을 **관찰**하기 좋은 계절입니다. 그런데 우리가 무엇을 관찰하려면 준비해야 할 것들이 있습니다.

　　우선, 관찰 내용을 **기록**하기 위해 공책과 연필 같은 **필기도구**가 필요합니다. 물체의 모양, 색깔, 크기, 생김새 등을 관찰하고 나서 그것을 기록하지 않으면 금방 잊어버립니다. 따라서 관찰 내용을 적을 도구가 있어야 합니다.

　　작은 꽃이나 벌레를 자세히 살펴보려면 돋보기나 **루페**가 있어야 합니다. 돋보기도 물체를 크게 보여 주지만, 루페는 더 자세히 볼 수 있게 도와줍니다. 손바닥이나 하얀 종이 위에 물체를 올려놓고 루페로 관찰합니다.

　　크기를 잴 수 있는 줄자와 **삼각자**도 준비하는 것이 좋습니다. 식물의 키나 **둘레**를 잴 때에는 줄자를 이용합니다. 줄자로 길이를 재기 어려운 물체는 삼각자를 이용할 수 있습니다.

　　관찰을 마친 뒤에는 적은 내용을 **백과사전**이나 인터넷에서 찾은 정보와 비교해 봅니다. 이렇게 정리한 내용은 훌륭한 관찰 보고서가 될 수 있습니다.

무렵 어떤 때 즈음.　　**관찰** 물건이나 상황을 자세히 살펴봄. 觀 볼 관 察 살필 찰　　**기록** 어떤 생각이나 사실을 적음. 記 적을 기 錄 적을 록　　**필기도구** 글씨를 적는 데에 쓰는 물건. 筆 글씨 필 記 적을 기 道 방법 도 具 도구 구 **루페** 볼록 렌즈를 이용하여 물체를 확대하여 보이게 만든 도구. loupe　　**삼각자** 삼각형으로 된 자. 三 셋 삼 角 뿔 각　　**둘레** 물체의 바깥을 한 바퀴 돈 길이.　　**백과사전** 과학, 자연, 인간의 활동 등과 관련한 여러 지식을 풀이한 책. 百 일백 백 科 과목 과 事 일 사 典 책 전

1 무엇에 대해 쓴 글인가요?

주제

① 봄의 특징.

② 봄에 피는 꽃.

③ 개나리의 꽃 색깔과 특징.

④ 관찰 도구의 종류와 특징.

⑤ 백과사전과 인터넷 비교.

2 이 글에 실리지 않은 관찰 도구는 무엇인가요?

내용
파악

① 연필

② 돋보기

③ 루페

④ 삼각자

⑤ 현미경

3 이 글의 내용을 정리했습니다. 옳은 문장을 찾으세요.

내용
파악

① 겨울은 꽃과 곤충을 관찰하기 좋은 계절이다.

② 관찰할 때에는 필기도구가 필요하다.

③ 작은 꽃이나 벌레를 자세히 살펴보려면 망원경이 필요하다.

④ 식물의 키나 둘레를 잴 때에는 주로 삼각자를 이용한다.

⑤ 관찰하여 얻은 내용이 백과사전과 다르면 쓸모없는 자료다.

4 다음 중 밖에서 관찰 활동을 할 때 주의할 점을 잘못 적은 것을 찾으세요.

배경
지식

① 함부로 맛을 보거나 먹지 않는다.

② 벌 같은 위험한 곤충을 건드리지 않는다.

③ 다친 동물을 발견하면 직접 구조한다.

④ 꽃이나 나무를 함부로 꺾지 않는다.

⑤ 위험한 곳에서 무리하게 관찰하지 않는다.

5 다음 사진에 알맞은 관찰 도구 이름을 찾아 쓰세요.

적용

(1)

(2)

(3)

(4)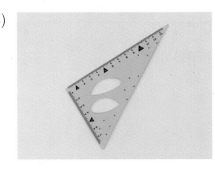

돋보기   삼각자   줄자   루페

6 다음은 소나무를 관찰하는 과정을 적은 글입니다. (1) ~ (3)에 필요한 도구를 앞 글에서 찾아 <u>하나씩</u>

적용 만 쓰세요.

(1) 소나무의 키와 둘레를 재었다.

(2) 소나무의 키와 둘레를 공책에 적었다.

(3) 꽃가루의 모양을 자세히 살펴보았다.

어휘력 기르기

1단계   다음 낱말의 뜻을 찾아 선으로 이으세요.

(1) 관찰 •   • ㉠ 물건이나 상황을 자세히 살펴봄.

(2) 기록 •   • ㉡ 어떤 생각이나 사실을 적음.

2단계   위에서 배운 낱말을 빈칸에 넣어 문장을 완성하세요.

(1) '난중일기'란 이순신 장군이 전쟁을 겪으며 느낀 것을 ☐ ☐ 한 일기다.

(2) 진형이는 잔디밭에서 개미를 한참 ☐ ☐ 하였다.

3단계   다음 낱말의 뜻을 보고 빈칸에 어울리는 낱말을 쓰세요.

> **국어사전**: 국어 낱말의 뜻, 발음 등을 풀이한 책.
>
> **백과사전**: 과학, 자연, 인간의 활동 등과 관련한 여러 지식을 풀이한 책.

(1) '구름이 생기는 까닭'이 궁금해서 ☐ ☐ ☐ ☐ 을 찾아보았다.

(2) '둘레'의 뜻이 궁금해서 ☐ ☐ ☐ ☐ 을 찾아보았다.

　　주변에는 우리를 도와주는 사람이 많습니다. 그 사람들 덕분에 우리는 편하게 생활하고 있습니다. 하지만 우리는 그 사람들과 자주 마주쳐 고마움을 무심히 지나치기도 하고, 마주칠 기회가 없어 그분들의 고생을 모르고 지내기도 합니다.

　　환경미화원은 버려진 쓰레기를 청소해 거리를 깨끗하게 합니다. 가을에는 길에 떨어진 낙엽들을 치워 우리가 걷기 편하게 해 줍니다. 또 우리가 내놓은 재활용품을 가져가 다시 쓸 수 있게 합니다. 각 건물이나 놀이터 같은 시설도 깨끗하게 **유지**합니다.

　　초등학교에는 보안관이 있습니다. 보안관은 학교에서 벌어질 수 있는 폭력 상황을 **예방**합니다. 그리고 학교에 들어오는 사람을 관리합니다. 등하교 시간에는 교통사고나 범죄에서 우리를 지켜 줍니다. 학교 안과 주변을 청소하기도 합니다.

　　집 주변이나 건물을 관리하는 사람도 있습니다. 경비원은 아파트나 일반 건물에서 드나드는 사람을 관리하여 사람들의 재산을 지킵니다. 화재가 발생하면 사람들이 **혼란**을 겪지 않도록 돕습니다. 주차나 쓰레기 **분류 배출** 같은 일에도 도움을 줍니다. **소음** 등으로 사람들 사이에 **갈등**이 생겼을 때 문제를 해결하기도 합니다. 건물을 전체적으로 관리하기 때문에 요즘은 경비원 대신 관리원이라는 말을 쓰기도 합니다.

　　각종 배달원도 우리를 도와줍니다. 배달원들이 있어 우리는 ㉠ 멀리서 보낸 편지를 안전하게 받을 수 있습니다. 또 직접 상점이나 식당에 가지 않아도 집에서 편하게 물건이나 음식을 주문하여 받을 수 있습니다.

유지 어떤 상태나 상황을 그대로 지킴. 維 유지할 유 持 지킬 지　　**예방** 어떤 일이 일어나기 전에 미리 막는 일. 豫 미리 예 防 막을 방　　**혼란** 어지럽고 질서가 없음. 混 섞을 혼 亂 어지러울 란　　**분류** 종류에 따라 나눔. 分 나눌 분 類 종류 류　　**배출** 안에서 밖으로 내어놓음. 排 밀 배 出 나갈 출　　**소음** 불쾌하고 시끄러운 소리. 騷 떠들 소 音 소리 음　　**갈등** 서로 의견이나 성격이 맞지 않아 관계가 나쁜 상태. 葛 칡 갈 藤 등나무 등

1 글쓴이가 이 글을 쓴 이유는 무엇인가요?

주제

① 우리도 다른 사람을 도와주자고 주장하려고.

② 쓰레기를 함부로 버리지 말라고 주장하려고.

③ 읽는 이에게 여러 직업을 알리려고.

④ 어떤 사람들이 우리를 돕고 있는지 알리려고.

⑤ 어른들의 힘든 현실을 알리려고.

2 다음 중 이 글에 나오지 <u>않은</u> 직업은 무엇인가요?

내용
파악

① 환경미화원　　　　　　② 학교 보안관

③ 경찰관　　　　　　　　④ 경비원

⑤ 배달원

3 다음 중 경비원의 일이 <u>아닌</u> 것을 고르세요.

내용
파악

① 건물에 드나드는 사람을 관리한다.

② 배달 온 물건을 대신 받아 보관한다.

③ 쓰레기 분류 배출을 돕는다.

④ 사람들 사이의 갈등을 해결하기도 한다.

⑤ 주차를 돕는다.

4 경비원을 다른 말로 무엇이라고 부르나요? 이 글에서 찾아 쓰세요.

내용
파악

5 우리가 ㉠을 받을 수 있게 도와주는 사람은 누구인가요?

배경
지식

① 소방관   ② 경찰관

③ 교사   ④ 우편집배원

⑤ 승무원

6 다음 중 이 글을 가장 잘 읽은 사람은 누구인가요?

감상

① 아름: 많은 분이 우리를 도와주고 있어. 우리는 그분들께 감사한 마음을 지녀야 해.

② 다운: 세상에는 힘든 직업이 많아. 나도 어른이 되면 힘들게 살 것 같아 걱정이야.

③ 우리: 환경미화원께서 치우시는 쓰레기들은 어디로 갈까?

④ 대한: 직업의 종류가 참 많은 것 같아. 다른 직업은 무엇이 있는지 궁금해졌어.

⑤ 민국: 이 글을 읽으니 내 꿈이 확실해졌어. 꿈을 이루기 위해 최선을 다할래.

7 주변을 살펴보고 어떤 사람이 우리를 돕고 있는지 쓰고, 그렇게 생각한 까닭도 함께 적으세요.

서술형

(1) 우리를 돕는 사람

_____

(2) 그렇게 생각한 까닭

_____

1단계 다음 낱말의 뜻을 찾아 선으로 이으세요.

(1) 소음 ●   ● ㉠ 서로 의견이나 성격이 맞지 않아 관계가 나쁜 상태.

(2) 갈등 ●   ● ㉡ 불쾌하고 시끄러운 소리.

2단계 위에서 배운 낱말을 빈칸에 넣어 문장을 완성하세요.

(1) 위층에서 들려오는 ☐☐ 때문에 잠들기 어렵다.

(2) 소윤이와 민정이는 ☐☐ 을 풀고는 전보다 더 친하게 지낸다.

3단계 다음 낱말의 뜻을 읽고, 빈칸에 알맞은 낱말을 쓰세요.

> **분리**: 붙어 있던 것이 서로 나뉘어 떨어짐. 또는 나누어 떨어지게 함.
>
> **분류**: 종류에 따라 나눔.

(1) 사서 선생님은 잔뜩 쌓여 있던 책들을 ☐☐ 하여 책꽂이에 꽂으셨다.

(2) 현정이는 붙어 있던 장난감 블록들을 ☐☐ 하여 정리했다.

우리 가족은 모두 네 명입니다. 아버지, 어머니, 저, 동생이 우리 집에서 함께 지내고 있습니다.

아버지는 시청에서 일하시는 **공무원**이십니다. 집에서는 빨래와 청소를 하십니다. 그리고 저와 잘 놀아 주십니다. 제가 좋아하는 **보드게임**도 같이 하시고, 밖에서 자전거도 함께 타십니다. 아버지께서 제일 좋아하시는 음식은 삼겹살입니다. 강이나 바다에서 낚시를 즐기십니다.

어머니는 중학교에서 학생들에게 수학을 가르치십니다. 우리 집에서는 식구들을 위해 맛있는 음식을 만들어 주십니다. 아버지와 함께 청소도 하십니다. 학교 숙제나 준비물을 잘 챙겨 주십니다. 어머니는 피자와 떡볶이를 무척 좋아하십니다. **취미**로는 기타를 치십니다.

저는 숲속 초등학교에 다닙니다. 우리 1학년 1반 친구들과 모두 친하게 지내고 있습니다. 집에서는 동생과 잘 지내고 있습니다. 가끔 싸우기도 하지만 보통은 동생과 재미있게 놉니다. 부모님께서 청소하실 때에는 소파 위에 얌전히 앉아 동생을 돌봅니다. 음식은 어머니께서 해 주시는 **잡채**를 가장 좋아합니다. 짭짤하면서 야들야들한 면이 참 좋습니다. 취미는 종이접기입니다.

동생은 바다 유치원에 다니고 있습니다. 여섯 살이라서 돌고래 반에 갑니다. 동생은 사탕을 무척 좋아합니다. 하지만 부모님은 이가 썩는다며 잘 주지 않으십니다. 취미는 물건 부수기인 것 같습니다. 내 장난감, 어머니께서 아끼시던 물컵, 아버지 낚싯대 등을 만지다가 자주 망가뜨립니다. 하지만 **애교**가 많아 식구들이 화를 내다가도 동생을 보면 금세 웃게 됩니다.

저는 우리 식구들을 매우 사랑합니다.

공무원 나라나 지방 공공 단체에서 일하는 사람. 公 여럿 공 務 일 무 員 사람 원   **보드게임** 종이 판이나 나무 판으로 된 놀이 도구 주변에 여럿이 둘러앉아 즐기는 놀이. board game   **취미** 즐기기 위해 하는 일. 趣 멋 취 味 맛 미   **잡채** 여러 가지 채소와 고기를 잘게 썰어 볶은 것에 면을 넣고 섞은 음식. 雜 섞일 잡 菜 채소 채   **애교** 남에게 귀엽게 보이는 태도. 愛 사랑 애 嬌 사랑스러울 교

1

주제

글쓴이는 이 글을 왜 썼나요?

① 가족을 소개하기 위해서.

② 자신을 소개하기 위해서.

③ 자신이 사는 집을 알리기 위해서.

④ 부모님의 직업을 알리기 위해서.

⑤ 사람들을 자신의 집에 초대하기 위해서.

2

내용
파악

다음 중 글쓴이와 같이 사는 사람은 누구인가요?

① 할아버지   ② 이모

③ 형   ④ 아버지

⑤ 삼촌

4주
18회

3

내용
파악

이 글의 동생은 몇 살인가요? 한글로 쓰세요.

[ ] [ ] 살

4

내용
파악

이 글에 실리지 <u>않은</u> 내용은 무엇인가요?

① 아버지의 직업.

② 어머니가 좋아하는 음식.

③ 어머니가 하는 집안일.

④ 글쓴이의 취미.

⑤ 동생의 생일.

5 글쓴이 어머니의 직업은 무엇인가요?

내용
파악

① 시청에서 일하는 공무원.

② 초등학교 선생님.

③ 중학교 수학 선생님.

④ 고등학교 과학 선생님.

⑤ 잡채를 잘 만드는 요리사.

6 이 글의 내용을 정리했습니다. 맞은 내용에는 ○표, 틀린 내용에는 X표 하세요. ○표는 모두 세 개입니다.

내용
파악

(1) 아버지는 삼겹살을 좋아한다.   (   )

(2) 어머니는 글쓴이와 보드게임을 잘 해 준다.   (   )

(3) 어머니는 취미로 기타를 친다.   (   )

(4) 글쓴이는 1학년 4반에 다닌다.   (   )

(5) 동생은 애교가 많다.   (   )

7 글쓴이가 자기를 소개하는 글을 썼습니다. 빈칸에 알맞은 낱말을 쓰세요.

내용
파악

> 저는 숲속 초등학교에 다니는 지현주입니다.
>
> 우리 가족은 아버지, 어머니, (1) ☐☐ , 그리고 저까지 네 명입니다. 아버지는 저와 잘 놀아 주시고, 어머니는 맛있는 요리를 만들어 주십니다. 동생은 저와 재미있게 놀며 친하게 지냅니다.
>
> 제 취미는 (2) ☐☐☐☐ 입니다. 책을 보며 색종이를 접어 동물을 만들면 기분이 좋습니다.
>
> 저는 과학자가 되어 아픈 사람들을 위해 좋은 약을 만들고 싶습니다.

어휘력 기르기

1단계　다음 낱말의 뜻을 찾아 선으로 이으세요.

(1) 취미　•

(2) 잡채　•

(3) 애교　•

•　㉠ 남에게 귀엽게 보이는 태도.

•　㉡ 즐기기 위해 하는 일.

•　㉢ 여러 가지 채소와 고기를 잘게 썰어 볶은 것에 면을 넣고 섞은 음식.

2단계　위에서 배운 낱말을 빈칸에 넣어 문장을 완성하세요.

(1) 이모의 [　][　] 는 영화 감상이다.

(2) 누나는 어머니께 [　][　] 를 부리며 용돈을 올려 달라고 했다.

(3) 선영이는 다른 반찬은 쳐다보지도 않고 [　][　] 만 먹었다.

3단계　다음 뜻에 알맞은 낱말을 빈칸에 넣어 십자말풀이를 하세요.

(1) 어떤 모임을 이루는 사람들.

(2) 나라나 지방 공공 단체에서 일하는 사람.

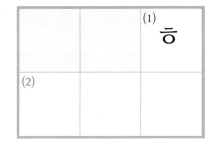

두꺼비집이 여물까

전래 동요

두꺼비집이 여물까
까치집이 여물까
두꺼비는 집 ㉠ 짓고
황새는 물 긷고

큰 애기는 밖으로
작은 애기 안으로
까치가 밟아도 딴딴
황소가 밟아도 딴딴

여물까 단단할까　　**전래** 옛날부터 전하여 내려옴. 傳 전할 전 來 올 래　　**짓고** 재료를 들여 밥, 옷, 집 따위를 만들고.　　**긷고** 우물이나 샘 따위에서 바가지 따위로 물을 떠내고.　　**황소** 큰 수컷 소.

1

내용 파악

이 노래에서 두꺼비는 무엇을 짓고 있나요?

2

내용 파악

이 노래에서 두꺼비를 도와주는 동물은 누구인가요?

① 까치   ② 황소

③ 황새   ④ 개구리

⑤ 까마귀

4주 19회

3

내용 파악

이 노래에 나오지 <u>않은</u> 동물을 고르세요.

① 까치   ② 황소

③ 황새   ④ 두꺼비

⑤ 까마귀

4

추론

이 노래를 부르려고 합니다. 가장 어울리는 때를 고르세요.

① 그네를 탈 때.

② 숨바꼭질할 때.

③ 물고기를 잡을 때.

④ 흙으로 집짓기 놀이를 할 때.

⑤ 공놀이할 때.

5 이 노래에 나오는 ㉠ '짓고'와 바꾸어 쓸 수 있는 말은 무엇인가요?

어휘

① 만들고   ② 부수고   ③ 닦고

④ 사고   ⑤ 팔고

6 서로 뜻이 반대인 낱말을 적었습니다. 빈칸에 들어갈 알맞은 단어를 찾아 쓰세요.

어휘

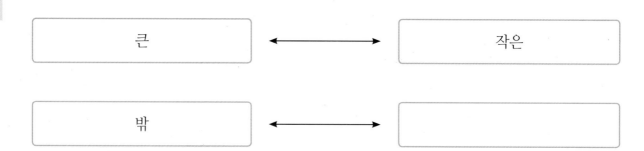

| 큰 | ←→ | 작은 |

| 밖 | ←→ | |

7 이 노래에서 느낄 수 있는 분위기가 <u>아닌</u> 것을 고르세요.

감상

① 신난다   ② 슬프다   ③ 즐겁다

④ 평화롭다   ⑤ 활기차다

8 이 노래에 대하여 <u>잘못</u> 말한 친구를 고르세요.

감상

① 기현: 이런 전래 동요를 더 알고 싶어졌어.

② 우진: 반복되는 가사가 들어가서 더 쉽게 부를 수 있어.

③ 범수: 까치는 두꺼비집을 빼앗으려고 기회를 엿보는 것 같아.

④ 준경: 두꺼비가 만든 집은 무척 튼튼할 것 같아.

⑤ 정우: 황새가 두꺼비를 도와주는 모습이 보기 좋아.

어휘력 기르기

1단계 다음 뜻에 알맞은 낱말을 찾아 쓰세요.

전래	짓고	긷고	밟아도

(1) 발을 들었다 놓으면서 어떤 대상 위에 대고 눌러도.

(2) 옛날부터 전하여 내려옴.

2단계 다음 문장의 빈칸에 알맞은 낱말을 위에서 골라 쓰세요.

(1) 누나가 우물에서 물을 　　　　　 있다.

(2) 나는 바다 가까운 곳에 집을 　　　　　 싶다.

3단계 다음 동물의 이름을 앞 글에서 찾아 쓰세요.

(1) ☐☐

(2) ☐☐

옛날, 어느 산골 마을에 항상 머리를 **긁적이는** 박박이가 살았어요. 박박이에게는 코를 잘 흘리는 코흘리개와 항상 눈을 비벼 대는 눈첩첩이라는 친구가 있었어요.

어느 날, 세 친구는 마을 잔치에 갔다가 떡 한 접시를 얻었어요.

"우리, 내기를 해서 이긴 사람이 떡을 전부 먹는 게 어떨까?"

박박이가 말하자 코흘리개와 눈첩첩이도 그러자고 했어요. 박박이는 머리를 안 긁고, 코흘리개는 콧물을 안 닦고, 눈첩첩이는 눈을 비비지 않고 가장 오래 참는 사람이 이기는 내기였지요. 세 사람은 떡을 먹을 생각에 각자의 습관을 꾹 참았어요. 머리가 간지러워도, 콧물이 나와도, 눈이 가려워도 버텼어요.

그런데 박박이는 머리가 너무 가려워 참을 수 없었어요. 그래서 **꾀**를 내었어요.

"너희 그거 아니? ㉠ 사슴은 머리에 **뿔**이 여기에도 돋고 여기에도 돋아 있어."

박박이는 사슴의 뿔을 이야기하며 가려운 곳을 툭툭 눌러 긁었어요. 그러자 코흘리개가 이야기를 받아서 말하였어요.

"아이고, 내가 그 사슴을 봤더라면 이렇게 활을 쏘았을 텐데!"

활 쏘는 ㉡ **시늉**을 하며 코흘리개는 **옷소매**로 코를 쓰윽 닦았어요.

그러자 이번엔 눈첩첩이가 "안 돼, 사슴에게 활을 쏘면 안 돼." 하고 말하며 손을 휘휘 내저어 눈을 비볐답니다.

– 전래 동화

긁적이는 손톱이나 뾰족한 것으로 문지르는.　**꾀** 일을 꾸미거나 잘 풀어나가는 좋은 생각이나 방법.　**뿔** 사슴, 염소 같은 동물의 머리에 솟은 단단하고 뾰족한 것.　**시늉** 모양이나 움직임을 흉내 내는 짓.　**옷소매** 윗옷에서 팔을 넣는 부분.

1

인물

이야기에 나오는 세 친구의 이름을 쓰세요.

_____ , _____ , _____

2

제목

이 이야기의 제목으로 가장 알맞은 것을 고르세요.

① 사슴과 사냥꾼   ② 떡 먹기 내기

③ 좋은 친구를 사귀자   ④ 나쁜 습관을 버리자

⑤ 누가 가장 꾀가 많을까?

3

내용
파악

이 이야기의 내용과 같은 것을 고르세요.

① 박박이는 머리를 흔드는 버릇이 있다.

② 눈첩첩이는 눈을 깜빡이는 버릇이 있다.

③ 코흘리개는 코를 자주 만지는 버릇이 있다.

④ 세 친구는 마을 잔치에 갔다가 쌀을 얻었다.

⑤ 세 친구는 자신의 버릇을 참는 내기를 했다.

4

어휘

ⓛ과 바꾸어 쓸 수 있는 낱말을 쓰세요.

ㅎ ㄴ

5

다음 사진에 알맞은 낱말을 앞 글에서 찾아 쓰세요.

☐

6

박박이가 ㉠처럼 말한 까닭은 무엇인가요?

① 사슴을 보았다는 것을 자랑하려고.

② 머리의 가려운 곳을 긁으려고.

③ 사슴의 모습을 자세히 설명하려고.

④ 머리에서 아픈 부위를 알아내려고.

⑤ 사슴의 뿔이 무척 크다는 것을 강조하려고.

7

아래 속담 풀이를 읽고, 알맞은 속담을 찾으세요.

> 어릴 때 몸에 밴 버릇은 나이가 들어도 쉽게 고칠 수 없다.

① 병 주고 약 준다　　　　　　② 누워서 떡 먹기

③ 세 살 버릇 여든까지 간다　　④ 바늘 도둑이 소도둑 된다

⑤ 가는 말이 고와야 오는 말이 곱다

어휘력 기르기

1단계　뜻이 비슷한 낱말끼리 짝지으세요.

(1) 항상　●　　　　　　　　　　　● ㉠ 모두

(2) 전부　●　　　　　　　　　　　● ㉡ 늘

2단계　위에서 배운 낱말을 빈칸에 넣어 문장을 완성하세요.

(1) 세호는 아침에 일어나면 ☐ ☐ 물을 마신다.

(2) 책꽂이에 꽂힌 책을 ☐ ☐ 읽었다고?

3단계　다음 문장의 밑줄 친 낱말을 맞춤법에 맞게 고쳐 쓰세요.

(1) 박박이는 머리가 너무 가려워서 <u>꽤</u>를 내었어요.

☐

(2) 코흘리개는 콧물을 안 <u>닥고</u>, 눈첩첩이는 눈을 비비지 않았어요.

☐ ☐

(3) 산골 마을에 머리를 <u>글쩍이는</u> 박박이가 살았어요.

☐ ☐ ☐ ☐

　　고래는 바다에서 생활하지만, 개나 고양이처럼 폐로 호흡하며 새끼를 낳아 젖을 먹이는 **포유류**입니다.

　　일반적으로 몸길이가 5m 이상인 것을 고래, 그보다 작은 것을 돌고래라고 합니다. 또 이빨이 있는 이빨고래류, 이빨이 없어 빗 모양의 수염으로 바닷물 속에 있는 먹이를 걸러 먹는 수염고래류로 나누기도 합니다.

　　이빨고래류는 주로 **수** 마리에서 수백 마리가 **무리**를 지어 삽니다. 밖으로 보이는 숨구멍은 하나입니다. 일정한 지역에서 머무르며, 물고기나 오징어를 잡아먹습니다.

　　수염고래류는 혼자 지내거나 두세 마리가 함께 살아갑니다. 숨구멍이 두 개이며, 작은 새우나 **플랑크톤** 등을 수염으로 걸러 먹습니다. 먹이를 얻고 **번식**을 하려고 바다를 남북으로 멀리 돌아다닙니다.

　　고래의 종류는 100여 종이 알려져 있습니다. 그런데 물을 뿜어내는 모습이 서로 달라 종류를 쉽게 구별할 수 있습니다. 지구에서 가장 큰 고래는 흰긴수염고래입니다. 크기에 **걸맞게** 고래 가운데 물을 가장 높게 뿜어냅니다. 참고래는 두 줄기로, 향유고래는 물을 비스듬히 뿜어냅니다.

　　고래는 물을 뿜어내는 동물로 유명합니다. 그러나 실제로는 고래가 일부러 물을 뿜지는 않습니다. 숨을 내쉴 때 몸속에 있던 따뜻한 공기가 찬 공기와 만나 **수증기**가 안개처럼 하얗게 **서리**는 것이 마치 물을 뿜는 것처럼 보이는 것입니다.

포유류 허파(폐)로 숨을 쉬고 체온이 변하지 않으며, 암컷이 새끼를 낳아 젖을 먹여 기르는 동물. 哺 먹일 포 乳 젖 유 類 종류 류　　**수** '몇', '여러', '약간'의 뜻을 나타내는 말. 數 개수 수　　**무리** 여럿이 함께 모여 있는 것.
플랑크톤 물속에서 물결에 따라 떠다니는 작은 생물을 통틀어 이르는 말. plankton　　**번식** 생물이 자기 자신을 널리 퍼뜨리는 일. 繁 많을 번 殖 늘어날 식　　**걸맞게** 둘을 비교해 볼 때 서로 비슷하게.　　**수증기** 기체 상태로 되어 있는 물. 水 물 수 蒸 찔 증 氣 기체 기　　**서리는** 수증기가 찬 기운을 받아 물방울로 뭉치는.

1

이 글의 중심 낱말은 무엇인가요?

① 고래   ② 포유류

③ 돌고래   ④ 플랑크톤

⑤ 바다

2

내용
파악

지구에서 가장 큰 고래 이름은 무엇인가요?

3

내용
파악

몸길이가 5m보다 작은 고래를 무엇이라고 하나요?

5주
21회

4

적용

다음 그림처럼 물을 뿜는 고래의 이름을 이 글에서 찾아 쓰세요.

(1)

(2)

5 다음 중 이 글에서 답을 찾을 수 <u>없는</u> 질문은 무엇인가요?

내용
파악

① 고래는 동물 가운데 어떤 종류인가?

② 고래와 돌고래는 어떤 기준으로 나누나?

③ 고래는 몇 종류나 있나?

④ 고래는 숨을 얼마나 참을 수 있나?

⑤ 수염고래류는 무엇으로 먹이를 잡아먹나?

6 다음 중 이 글과 같은 내용에는 ○표, 다른 내용에는 X표 하세요. ○표는 모두 두 개입니다.

내용
파악

(1) 고래는 새끼를 낳아, 젖을 먹여 키운다.   (   )

(2) 실제로 수염고래류에는 수염이 없다.   (   )

(3) 고래는 입으로 물을 뿜는다.   (   )

(4) 고래는 물을 뿜는 모습이 모두 같다.   (   )

(5) 이빨이 없는 고래도 있다.   (   )

7 이빨고래와 수염고래의 특징을 정리했습니다. 빈칸에 알맞은 낱말을 쓰세요.

내용
파악

이빨고래		수염고래
하나	숨구멍	둘
(1) ☐☐ 를 지어 생활.	생활	혼자 지내거나 두세 마리가 함께 생활.
일정한 지역에서 머무름.	서식지	먹이를 얻고 번식을 하려고 멀리 돌아다님.
물고기나 오징어	먹이	작은 (2) ☐☐ 나 플랑크톤

1단계 다음 낱말의 뜻을 찾아 선으로 이으세요.

(1) 무리 •

(2) 호흡 •

• ㉠ 숨을 쉼.

• ㉡ 여럿이 함께 모여 있는 것.

2단계 위에서 배운 낱말을 빈칸에 넣어 문장을 완성하세요.

(1) 친구와 축구를 했더니 ☐☐ 이 빨라졌다.

(2) 새들이 ☐☐ 를 지어 하늘을 날아가고 있었다.

3단계 낱말의 뜻을 보고 다음 동물들의 종류를 빈칸에 알맞게 쓰세요.

> **포유류:** 허파(폐)로 숨을 쉬고, 암컷이 새끼를 낳아 젖을 먹여 기르는 동물. 주변 온도가 변해도 체온이 변하지 않는다.
>
> **파충류:** 피부는 비늘로 덮여 있으며, 주로 꼬리는 길고 다리가 짧은 동물. 폐로 호흡하고 체온이 변하며, 알에서 태어난다.

(1) 개, 소, 말, 돼지   ☐☐☐

(2) 거북이, 도마뱀, 악어   ☐☐☐

5주
21회

여름에는 무척 덥고 **습도**가 높습니다. 햇볕도 가장 뜨겁고 비도 제일 많이 내리는 때이기 때문입니다. 옛날 사람들은 이 더위와 비를 어떻게 견뎌 냈을까요?

옛날에는 여름에 주로 시원한 **모시옷**이나 **삼베옷**을 입었습니다. 그리고 등나무 줄기를 엮어 만든 조끼를 옷 안에 입기도 했습니다. '등등거리'라고 불리는 이 옷은, 겉옷이 **살갗**에 닿지 않게 하여 바람이 옷 속으로 잘 통하게 해 줍니다.

↑ 등등거리

무더운 밤에는 죽부인을 사용하여 잠을 청했습니다. 대나무 줄기를 엮어 만든 죽부인을 안으면 대나무의 차가운 감촉이 더위를 **식혀** 줍니다. 또 죽부인 안으로 바람이 드나들어, 죽부인을 안고 있으면 **선선함**을 느낄 수 있습니다.

부채로 바람을 일으켜 땀을 식히기도 했습니다. 또 오히려 김이 모락모락 나는 **삼계탕**을 먹으며 땀을 흘려 **한여름**의 더위를 이겨 냈습니다.

옛날 사람들은 비를 이겨 내기 위해서도 여러 물건을 만들어 사용하였습니다. 몸과 옷이 비에 젖는 걸 막기 위해 도롱이를 입었습니다. 도롱이는 **짚**이나 풀을 엮어 빗물이 흘러내리게 하는 겉옷입니다.

비에 젖지 않도록 기름종이로 만든 갈모를 머리에 쓰고, 앞뒤에 굽이 있는 나막신을 나무로 만들어 신기도 했습니다.

↑ 도롱이

↑ 갈모

↑ 나막신

습도 공기 속에 수증기가 들어 있는 정도. 濕 축축할 습 度 정도 도　**모시옷** 모시풀 껍질로 지은 옷.
삼베옷 삼이라는 식물의 껍질에서 뽑아낸 실로 만든 옷.　**살갗** 사람 몸의 피부.　**식혀** 더운 기운을 없
애.　**선선함** 시원한 느낌이 들 정도로 찬 느낌이 있음.　**삼계탕** 닭의 내장을 빼고 인삼, 대추, 찹쌀 따
위를 넣어서 끓여 만드는 음식. 蔘 인삼 삼 鷄 닭 계 湯 끓일 탕　**한여름** 한창 더운 여름.　**짚** 쌀알을 떨
어낸 벼의 줄기.

1

중심
생각

무엇에 대해 쓴 글인가요?

① 옛날의 여름 날씨.

② 옛날 사람들의 여름 생활 모습.

③ 옛날 사람들이 여름에 입던 옷.

④ 옛날 사람들이 여름에 먹던 음식.

⑤ 옛날 사람들이 비 오는 날에 사용했던 물건.

2

적용

옛날 사람들이 사용하던 물건입니다. 사진과 이름을 바르게 짝지으세요.

(1) 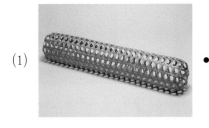 • 　　　　　• ㉠ 등등거리

(2)  • 　　　　　• ㉡ 부채

(3)  • 　　　　　• ㉢ 죽부인

3 옛날 사람들의 여름 생활 모습으로 바르지 <u>않은</u> 것을 고르세요.

내용
파악

① 삼베옷을 입었다.

② 모시옷을 입었다.

③ 선풍기를 사용하였다.

④ 잘 때 죽부인을 사용하였다.

⑤ 삼계탕을 먹었다.

4 아래 사진은 옛날 사람들이 비가 올 때에 사용했던 물건입니다. 이름을 앞 글에서 찾아 쓰고, 오늘날

적용

사용하는 물건과 관련 있는 것을 짝지으세요.

(1)

(2)

(3)

[ ] [ ] [ ]

•   •   •

•   •   •

㉠ 장화   ㉡ 비옷   ㉢ 우산

어휘력 기르기

1단계 다음 낱말의 뜻을 찾아 줄로 이으세요.

(1) 습도　•　　　　　　　　　•　㉠ 볏짚을 꼬아서 만든 신발.

(2) 살갗　•　　　　　　　　　•　㉡ 사람 몸의 피부.

(2) 짚신　•　　　　　　　　　•　㉢ 공기 속에 수증기가 들어 있는 정도.

2단계 위에서 배운 낱말을 빈칸에 넣어 문장을 완성하세요.

(1) 운동화나 구두가 없던 옛날에는 ☐☐ 을 신었다.

(2) 여름 장마철에는 ☐☐ 가 높아 빨래가 잘 마르지 않는다.

(3) 나뭇가지에 긁혀서 손등의 ☐☐ 이 까졌다.

3단계 아래 낱말 풀이를 읽고, 빈칸에 알맞은 낱말을 넣어 문장을 완성하세요.

> **안다**: 두 팔로 끌어당겨 가슴에 품다.
>
> **앉다**: 윗몸을 바로 세우고 엉덩이를 바닥이나 의자 등에 붙이다.

(1) 선우는 울고 있는 동생을 꼭 ☐ 아 주었다.

(2) 희영이는 의자에 ☐ 아 동화책을 읽었다.

할아버지께

　할아버지, 안녕하세요? 저 현성이에요. 날씨가 ㉠쌀쌀해졌는데 감기 걸리시지 않고 잘 계시는지 걱정입니다. 할머니도 잘 계시는지 궁금해요. 저와 아버지, 어머니, 누나는 다 잘 지내고 있습니다.

　할아버지께 **자랑하고** 싶은 일이 하나 있어요. 얼마 전에 학교에서 '가을 글쓰기 대회'가 있었는데 제가 1등을 해서 상을 받았어요. 부모님께서 기뻐하시는 모습을 보니 제 기분도 날아갈 것처럼 좋더라고요. 예전에 할아버지께서 글쓰는 법을 알려주셨던 게 이번에 큰 도움이 되었어요. 정말 감사합니다.

　아버지께서 이번 겨울 방학 때 할아버지 댁에 가자고 하셨어요. 예전에 놀러 갔을 때처럼 마을 앞 **언덕**에서 **썰매**도 타고, 마당에 다 같이 모여 앉아 ㉡**노릇노릇** 구운 군고구마도 먹고 싶네요. 어서 빨리 겨울이 오면 좋겠어요.

　할아버지! 제가 갈 때까지 건강히 계세요. 할머니께도 **안부** 꼭 전해 주세요. 그럼 겨울 방학 때 뵙겠습니다. 안녕히 계세요.

10월 31일

김현성 올림

자랑하고 자기 자신이나 자기와 관계있는 사람이나 물건, 일 따위가 훌륭하거나 남에게 칭찬을 받을 만한 것임을 드러내어 말하고.　**언덕** 땅이 기울어져 조금 높은 곳.　**썰매** 얼음판이나 눈 위에서 미끄럼을 타고 노는 기구.　**노릇노릇** 군데군데 노르스름한 모양.　**안부** 어떤 사람이 편안하게 잘 지내는지에 대한 소식. 또는 인사로 그것을 전하거나 묻는 일. 뜻 편안 안 좀 아닐 부

1

글의
종류

이 글의 종류를 무엇이라 하나요?

① 일기   ② 편지   ③ 소설

④ 설명문   ⑤ 논설문

2

내용
파악

다음 중 현성이와 같이 살지 <u>않는</u> 사람은 누구인가요?

① 아버지   ② 어머니

③ 누나   ④ 할머니

3

내용
파악

현성이는 이 글을 왜 썼나요?

① 할아버지께 잘못한 일을 사과드리기 위해서.

② 할아버지께 감사를 전하고 겨울 방학 때 할아버지 댁에 갈 것을 알려 드리기 위해서.

③ 할아버지께 글 잘 쓰는 법을 배우기 위해서.

④ 할아버지께 섭섭했던 마음을 전해 드리기 위해서.

⑤ 할아버지께 썰매를 빌려 달라고 부탁드리기 위해서.

4

내용
파악

이 글의 내용으로 옳지 <u>않은</u> 것을 고르세요.

① 할아버지께서는 현성이네 가족과 다른 곳에 살고 계신다.

② 현성이는 얼마 전 학교 글쓰기 대회에서 1등을 해서 상을 받았다.

③ 할아버지께서는 현성이에게 고구마 굽는 법을 알려 주신 일이 있다.

④ 현성이는 예전에 할아버지께서 사시는 마을 앞 언덕에서 썰매를 탔다.

⑤ 현성이네 가족은 겨울 방학 때 할아버지 댁에 갈 예정이다.

5 현성이가 편지를 쓴 계절은 언제인가요?

추론

6 ㉠'쌀쌀해졌는데'를 대신해서 쓸 수 있는 표현을 고르세요.

어휘
① 흐려졌는데
② 더워졌는데
③ 추워졌는데
④ 밝아졌는데
⑤ 어두워졌는데

7 ㉡'노릇노릇'과 가장 가까운 색을 고르세요.

어휘

①  ②  ③

④  ⑤

8 할아버지가 이 글을 읽으면 어떤 마음이 들까요?

추론
① 섭섭함　　　　② 슬픔　　　　③ 화남
④ 억울함　　　　⑤ 기쁨

1단계 다음 낱말들의 뜻을 알맞게 이으세요.

(1) 언덕 •

(2) 썰매 •

(3) 안부 •

• ㉠ 얼음판이나 눈 위에서 미끄럼을 타고 노는 기구.

• ㉡ 땅이 기울어져 조금 높은 곳.

• ㉢ 어떤 사람이 편안하게 잘 지내는지에 대한 소식. 또는 인사로 그것을 전하거나 묻는 일.

2단계 다음 문장의 빈칸에 알맞은 낱말을 위에서 찾아 쓰세요.

(1) 강물이 꽝꽝 얼어서 우리는 신나게 [ ][ ] 를 탔다.

(2) 이 [ ][ ] 은 높아서 오르기 힘들다.

3단계 다음 설명을 읽고 빈칸에 알맞은 낱말을 골라서 쓰세요.

> **노릇노릇:** 군데군데 노르스름한 모양.
>
> **파릇파릇:** 군데군데 파르스름한 모양.

(1) 봄이 되자 새싹이 [ ][ ][ ][ ] 돋아났다.

(2) 가을이 되자 벼가 [ ][ ][ ][ ] 익었다.

눈

윤동주

지난밤에
눈이 **소오복히** 왔네.
지붕이랑
길이랑 밭이랑
추워한다고
덮어 주는 ㉠이불인가 봐.

그러기에
추운 겨울에만 내리지.

소오복히 쌓이거나 담은 것이 볼록하게 많이. 원래는 '소복이'가 맞춤법에 맞는 표현이다. 그러나 시에서는 느낌을 살리기 위해 맞춤법에 어긋나는 표현을 쓰기도 한다.

---

1 이 시에서 가장 중요한 낱말을 찾아 쓰세요.

핵심어

☐

2 이 시에서 말하는 이가 본 장면은 어느 것인가요?

내용
파악

① 눈이 쌓인 모습.

② 비가 내리는 모습.

③ 아이들이 눈싸움하는 모습.

④ 아이가 추워서 덜덜 떠는 모습.

⑤ 아저씨가 밭에 이불을 덮어 주는 모습.

3 말하는 이가 '눈'을 ㉠ '이불'이라고 생각한 까닭은 무엇인가요?

표현

① 눈을 덮으면 이불처럼 따뜻해서.

② 눈과 이불을 구별할 줄 몰라서.

③ 눈 덮인 길과 밭을 이불로 덮어 놓아서.

④ 눈이 이불처럼 지붕, 길, 밭을 덮어 주어서.

⑤ 눈 내리는 그림이 그려진 이불을 덮고 싶어서.

4 빈칸에 알맞은 낱말을 넣어, 이 시의 내용을 정리하세요.

내용
파악

아침에 일어나 보니 (1) ☐ 이 지붕, 길, 밭에 소복이 쌓여 있었다. 마치 세상

이 추울까 봐 덮어 주는 (2) ☐ ☐ 같았다.

5

추론

이 시에 나타난 계절에 가장 적절한 놀이를 고르세요.

① 썰매 타기

④ 물총 싸움

② 모래 놀이

⑤ 곤충 관찰

③ 물놀이

6

내용
파악

이 시에 등장하지 <u>않는</u> 것은 무엇인가요?

① 눈   ② 지붕   ③ 길

④ 밭   ⑤ 논

7

내용
파악

이 시와 어울리지 <u>않는</u> 곳을 고르세요.

①

②

③

④

1단계   아래 낱말의 알맞은 뜻을 찾아 바르게 짝지으세요.

(1) 소복이 •   • ㉠ 곡식이나 채소를 심고 가꾸는 땅.

(2) 밭   •   • ㉡ 바로 어젯밤.

(3) 지난밤 •   • ㉢ 쌓이거나 담은 것이 볼록하게 많이.

2단계   위에서 배운 낱말을 빈칸에 넣어 문장을 완성하세요.

(1) 태주는 [   ] 꿈속에서 외계인을 만났다.

(2) 학교 운동장에 흰 눈이 [   ] 쌓였다.

(3) 은서야, [   ] 에 가서 무 하나만 뽑아 오너라.

3단계   아래 설명을 읽고, 빈칸에 알맞은 낱말을 넣어 문장을 완성하세요.

> **덥다**: 온도가 높다.
> **덮다**: 물건이 보이지 않도록 얹어서 씌우다.

(1) 여름이 되니 날씨가 무척 [ ] 다 .

(2) 지난밤에 내린 눈이 온 세상을 하얗게 [ ] 었 다 .

어느 날, 호랑이와 두꺼비가 떡을 만들어 먹기로 하였어요. 호랑이와 두꺼비는 떡시루를 가져와 물을 붓고, 불을 때고, **입김**을 불어가며 떡을 쪘어요. **김**이 모락모락 올라오자 호랑이는 **군침**을 꿀꺽 삼켰어요.

그 순간 떡을 혼자 먹고 싶다는 생각이 들었어요. 그래서 두꺼비에게 말했어요.

"두꺼비야, 우리 내기를 하자. 떡시루를 산꼭대기에서 산 아래로 굴려서, 먼저 쫓아가 잡는 쪽이 떡을 다 먹는 거야. 정말 좋은 생각이지?"

두꺼비는 **어이가 없었어요.**

두꺼비는 곰곰이 생각했어요. 그러고는 꾀가 떠오른 듯, 자신 있게 말했어요.

"좋아, 내기를 하자."

호랑이와 두꺼비는 떡시루를 가지고 산꼭대기로 올라갔어요.

"자, 이제 떡시루를 굴린다. 하나, 둘, 셋!"

떡시루가 산 아래로 떼굴떼굴 굴러갔어요. 그러자 호랑이는 굴러가는 떡시루를 쫓아 ⓒ 달렸어요. 두꺼비는 그 뒤를 엉금엉금 따라갔지요.

그런데 떡시루가 구르는 동안 떡이 떡시루에서 쏟아져 나왔어요. 호랑이는 그것도 모르고 떡시루만 쫓아 힘차게 달려갔어요.

산꼭대기에서 그 모습을 내려다본 두꺼비는 배꼽을 쥐고 웃었어요.

"호랑이야, 너는 열심히 떡시루나 쫓아가라. 떡은 내가 다 먹을 테니까."

두꺼비는 시루에서 쏟아진 떡을 주워 먹으며 천천히 내려갔어요.

– 전래 동화, 〈떡시루 잡기〉

입김 입에서 나오는 더운 김.　　**김** 뜨거운 물이나 먹을거리에서 연기처럼 허옇게 피어오르는 기체.　　**군침**
무엇을 먹고 싶어서 입안에 저절로 생기는 침.　　**어이가 없었어요** 일이 너무 뜻밖이어서 기가 막혔어요.

1

인물

이 글의 주인공은 누구와 누구인가요?

2

어휘

다음 그림과 설명에 알맞은 낱말을 이야기에서 찾아 쓰세요.

떡을 찌는 데 쓰는, 진흙으로 구워 만든 둥근 그릇.

3

추론

㉠에 들어갈 말로 알맞은 것을 고르세요.

① 자신이 이길 게 분명했으니까요.　　② 호랑이가 이길 게 뻔했으니까요.

③ 산을 오르는 건 힘든 일이니까요.　　④ 정말 좋은 내기라고 생각했으니까요.

⑤ 자신이 하려던 말이었으니까요.

4

어휘

㉡에 들어갈 낱말은 '쏜 화살과 같이 매우 빠르게'의 뜻을 지녔습니다. 빈칸에 알맞은 낱말을
고르세요.

① 악착같이　　　　　　　　② 벼락같이

③ 쏜살같이　　　　　　　　④ 귀신같이

⑤ 감쪽같이

5 호랑이와 두꺼비가 한 내기는 무엇인가요?

내용
파악

① 떡 먹기　　　　　　　　　② 떡 만들기

③ 떡 줍기　　　　　　　　　④ 떡시루 잡기

⑤ 떡시루 굴리기

6 두꺼비는 떡시루를 쫓아가는 호랑이를 보고 왜 배꼽을 쥐고 웃었나요?

내용
파악

① 호랑이가 달리는 모습이 우스워서.

② 떡시루가 굴러가는 모습이 재미있어서.

③ 아무리 힘든 상황에서도 웃어야 좋은 일이 생기므로.

④ 떡시루에서 떡이 쏟아져 나오는 게 어이없어서.

⑤ 떡이 쏟아져 나오는 것도 모르고 떡시루를 쫓아가는 호랑이가 웃겨서.

7 다음은 이 글과 어울리는 속담을 풀이한 것입니다. 풀이에 알맞은 속담을 고르세요.

배경
지식

> 남을 속이려고 속임수를 쓰다가 반대로 자기가 그 꾀에 당한다는 말.

① 등잔 밑이 어둡다

② 세 살 적 버릇이 여든까지 간다

③ 소 잃고 외양간 고친다

④ 제 꾀에 제가 넘어간다

⑤ 호랑이도 제 말 하면 온다

1단계 아래 낱말의 알맞은 뜻을 찾아 바르게 짝지으세요.

(1) 군침 •

• ㉠ 무엇을 먹고 싶어서 입안에 저절로 생기는 침.

(2) 내기 •

• ㉡ 무엇을 주고받기로 하고 승부를 겨루는 일.

2단계 위에서 배운 낱말을 빈칸에 넣어 문장을 완성하세요.

(1) 신이는 떡볶이를 보자 ☐☐ 을 삼켰다.

(2) 두리는 ☐☐ 에 져서 찬혁이의 가방을 들어 주었다.

3단계 빈칸에 흉내 내는 말을 알맞게 넣어 문장을 완성하세요.

> 모락모락   떼굴떼굴   엉금엉금

(1) 거북이가 ☐☐☐☐ 기어간다.

(2) 하라는 눈덩이를 ☐☐☐☐ 굴려서 눈사람을 만들었다.

(3) 뜨거운 군고구마에서 김이 ☐☐☐☐ 올라왔다.

전통 놀이란 옛날부터 전해져 내려오는 여러 가지 놀이를 말합니다. 우리나라의 전통 놀이에는 그림자밟기, 딱지치기, 사방치기 등이 있습니다.

그림자밟기는 술래가 다른 사람의 **그림자**를 밟는 놀이입니다. 가위바위보로 술래를 정하면 술래를 제외한 사람들은 이리저리 뛰며 도망을 다닙니다. 이때 술래가 다른 사람의 그림자를 발로 밟으며 '잡았다' 하고 외치면 밟힌 사람이 술래가 됩니다. 술래가 끝까지 그림자를 밟지 못하면 놀이에서 **패배**합니다.

딱지치기는 자신의 딱지로 상대의 딱지를 내려쳐서 뒤집는 놀이입니다. 먼저 가위바위보를 해서 진 사람이 딱지를 땅바닥에 내려놓으면, 이긴 사람이 자신의 딱지로 힘껏 칩니다. 그때 상대의 딱지가 뒤집히면 그 딱지를 가져가고, 뒤집히지 않으면 순서를 바꾸어 상대가 딱지를 칩니다.

사방치기는 땅에 선을 그어 만든 놀이판에 돌을 던진 뒤 다시 가져오는 놀이입니다. '땅따먹기'라는 이름으로도 불립니다. 먼저 여러 **칸**으로 이루어진 놀이판을 땅에 그려 놓고 각 칸에 1부터 8까지 번호를 적습니다. 그리고 번호의 순서에 맞추어 칸 안에 돌을 던지고, 한 발이나 두 발로 뛰어서 놀이판을 돌아 그 돌을 다시 가져옵니다. 정해진 칸에 돌을 던져 넣지 못하거나, 돌을 던진 칸을 발로 밟을 때, 또 던진 돌을 줍지 못할 때 순서가 상대에게 넘어갑니다. 첫 칸부터 마지막 칸까지 성공하면 돌을 던져 한 칸을 자기 칸으로 만듭니다. 이 과정을 **반복**하여 더 많은 칸을 얻은 사람이 놀이에서 **승리**합니다.

그림자 물체가 빛을 가려서 그 물체의 뒷면에 드리워지는 검은 그늘.   **패배** 겨루어서 짐. 敗 질 패 北 질 배
칸 사방을 둘러막은 그 선의 안.   **반복** 같은 일을 되풀이함. 反 돌이킬 반 復 되풀이할 복   **승리** 겨루어서 이김. 勝 이길 승 利 이길 리

1

빈칸을 채워 이 글의 제목을 완성하세요.

우리나라의 전통 ☐☐

2 이 글에 나오지 <u>않은</u> 전통 놀이를 고르세요.

내용
파악

① 그림자밟기   ② 딱지치기

③ 구슬치기   ④ 사방치기

3 이 글을 읽고 맞은 내용에는 ○표, 틀린 내용에는 X표를 하세요. ○표는 모두 세 개입니다.

내용
파악

(1) 전통 놀이란 오늘날 새롭게 생겨난 여러 가지 놀이를 말한다.   (   )

(2) 그림자밟기는 다른 사람의 그림자를 밟는 놀이다.   (   )

(3) 그림자밟기는 처음에 가위바위보로 술래를 정한다.   (   )

(4) 딱지치기는 가위바위보를 하여 이긴 사람이 먼저 딱지를 내려놓는다.   (   )

(5) 자신의 딱지로 상대의 딱지를 쳐서 뒤집으면 그 딱지를 가져간다.   (   )

4 그림자밟기에서 술래가 된 사람이 다른 사람의 그림자를 발로 밟았을 때 외치는 말이 있습니다. 이 글을 읽고 알맞은 말을 찾아 쓰세요.

내용
파악

☐ ☐ ☐

5 사방치기를 설명한 내용으로 옳은 것을 고르세요.

내용
파악

① '땅따먹기'라는 이름으로도 불린다.

② 던진 돌을 줍지 못하면 그 돌은 그냥 두고 새 돌로 다시 시작한다.

③ 땅에 그린 그림의 여러 칸 중 한 곳에만 번호를 적는다.

④ 자신이 마음에 드는 칸 안에 돌을 던진 뒤 놀이판을 돌아 가져온다.

⑤ 한 발로만 뛰어서 던진 돌을 다시 가져온다.

6 이 글을 읽고 친구들과 대화를 나누었습니다. 잘못 말한 친구를 고르세요.

감상

① 기주: 옛날부터 전해져 내려오는 전통 놀이를 소중히 여겨야 해.

② 찬영: 그림자밟기를 하면서 이리저리 뛰어다니면 운동이 될 것 같아.

③ 희도: 딱지치기를 잘하면 딱지를 많이 가질 수 있겠어.

④ 유열: 그림자밟기는 혼자서도 재밌게 할 수 있는 놀이야.

⑤ 지환: 내가 먼저 딱지를 치려면 가위바위보를 잘해야 되겠구나.

7 다음 전통 놀이에 알맞은 그림을 찾아 선으로 이으세요.

적용

(1) 그림자밟기 •

• ㉠

(2) 딱지치기 •

• ㉡

(3) 사방치기 •

• ㉢

1단계   다음 낱말들의 뜻을 알맞게 이으세요.

(1) 그림자 •

(2) 칸 •

(3) 반복 •

     • ㉠ 같은 일을 되풀이함.

     • ㉡ 사방을 둘러막은 그 선의 안.

     • ㉢ 물체가 빛을 가려서 그 물체의 뒷면에 드리워지는 검은 그늘.

2단계   다음 글의 빈칸에 알맞은 낱말을 위에서 찾아 쓰세요.

(1) 큰 나무 밑으로 [   ] 가 짙게 깔렸다.

(2) 피아노를 잘 치려면 연습을 여러 번 [   ] 해야 한다.

(3) [   ] 이 작아 답을 모두 적기 힘들었다.

3단계   다음 뜻에 알맞은 낱말을 찾아 쓰세요.

승리   패배

(1) 겨루어서 짐.   [ ][ ]

(2) 겨루어서 이김.   [ ][ ]

[가] 자연에 있는 물은 모습을 바꾸면서 장소를 이동합니다.

[나] 계곡의 시냇물은 일정한 모양을 이루지 않고 땅속으로 스며들거나 낮은 곳으로 흘러갑니다. 손으로 잡으려고 해도 잡히지 않고, 그릇에 따르면 그릇 모양대로 담깁니다. 이런 상태를 액체라고 합니다. 바닷물, 비, 안개도 모두 액체입니다.

[다] 그러나 물은 언제나 액체 형태로 있지는 않습니다. 겨울에는 땅 위의 물이 단단하게 얼어서 썰매를 탈 수 있는 얼음이 됩니다. 높은 하늘에서 얼면 **우박**이나 눈이 되어 내립니다. 눈을 **확대**하여 관찰하면 여러 모양의 아름다운 **결정**을 볼 수 있습니다. 얼음이나 눈과 같이 일정한 모양과 **부피**를 지닌 상태를 고체라고 합니다. 나뭇가지 끝에 얼어붙은 **고드름**이나 유리창에 맺히는 **성에**도 고체입니다.

[라] 온도를 계속 높이면, 물이 보글보글 끓으며 **김**이 나오다가 곧 우리의 눈에 보이지 않는 수증기로 날아갑니다. 이 수증기가 기체 상태의 물입니다. 하지만 물은 끓지 않는 상태에서 기체가 되기도 합니다. 빨아서 널어놓은 옷은 어느새 잘 말라서 입기 좋은 상태가 됩니다. 옷을 적셨던 물이 기체가 되어 자연스럽게 공기 중으로 날아간 것입니다.

[마] 바닷물이 햇볕을 받아 수증기로 날아가고, 높은 하늘에서 차가워져 구름으로 떠 있다가, 비나 눈이 되어 내립니다. 흐르던 강물이 겨울에는 단단하게 얼었다가 봄이 되면 녹아서 다시 흐릅니다. 이처럼 물은 액체, 고체, 기체의 모습으로 변신하며 자연의 이곳저곳을 재미있게 여행합니다.

우박 큰 물방울들이 공중에서 갑자기 찬 기운을 만나 얼어 떨어지는 얼음덩어리. 雨 비 우 雹 우박 박　**확대** 모양이나 크기 등을 크게 함. 擴 넓힐 확 大 클 대　**결정** 어떤 물질이 규칙적으로 조직되어 여러 면을 이루는 고체. 結 맺을 결 晶 결정 정　**부피** 넓이와 높이를 가진 물건이 공간에서 차지하는 크기.　**고드름** 물이 아래로 흐르다가 길게 얼어붙은 얼음.　**성에** 기온이 영하일 때 유리나 벽에 수증기가 허옇게 얼어붙은 것.　**김** 액체가 열을 받아서 기체로 변한 것.

1

제목

이 글의 제목으로 가장 알맞은 것을 고르세요.

① 시냇물과 바닷물

② 물은 액체

③ 물의 변신

④ 얼음의 종류

⑤ 눈이 내리는 까닭

2

내용
파악

이 글의 내용을 정리하였습니다. 빈칸에 알맞은 낱말을 쓰세요.

[가]	물은 모습을 바꾸면서 장소를 이동한다.
[나]	액체 상태의 물
[다]	(1) ⬜⬜ 상태의 물
[라]	기체 상태의 물
[마]	물은 액체, 고체, 기체의 모습으로 (2) ⬜⬜ 하며 여행한다.

3

내용
파악

다음 중 이 글과 <u>다른</u> 내용을 찾으세요.

① 물은 모습을 바꾸면서 여러 곳으로 이동한다.

② 고체 상태의 물은 일정한 모양과 부피를 지니고 있다.

③ 액체 상태의 물을 그릇에 따르면 그릇 모양대로 담긴다.

④ 기체 상태의 물을 수증기라고 한다.

⑤ 기체 상태의 물은 액체 상태의 물을 끓여서만 만들 수 있다.

4 물의 여러 모습을 빈칸에 알맞게 나누어 쓰세요.

바닷물   눈   수증기   비
성에   고드름   안개   우박   김

(1) 기체

(2) 액체

(3) 고체

5 다음은 물과 관련한 설명입니다. 올바른 문장을 고르세요.

① 물이 기체 상태로 변하면 노란색으로 바뀐다.

② 얼음은 액체로 변하지 않고 바로 수증기가 될 수도 있다.

③ 땅 위에는 액체 상태의 물만 있다.

④ 겨울에는 고체 상태의 물만 존재한다.

⑤ 안개는 액체, 구름은 기체다.

6 냉장고에 물을 넣었습니다. 다음 중 올바른 문장을 찾으세요.

① 냉장실에 물을 넣었더니 온도가 올라 기체가 되었다.

② 냉장실에 물을 넣었더니 온도가 내려가 액체가 되었다.

③ 냉동실에 물을 넣었더니 온도가 올라 기체가 되었다.

④ 냉동실에 물을 넣었더니 온도가 내려가 액체가 되었다.

⑤ 냉동실에 물을 넣었더니 온도가 내려가 고체가 되었다.

* **냉장실**: 식품을 낮은 온도에서 시원하게 보관하는 곳.   * **냉동실**: 식품을 얼려서 보관하는 곳.

1단계　다음 낱말의 뜻을 찾아 선으로 이으세요.

(1) 결정　●

(2) 성에　●

(3) 우박　●

●　㉠ 큰 물방울들이 공중에서 갑자기 찬 기운을 만나 얼어 떨어지는 얼음덩어리.

●　㉡ 기온이 영하일 때 유리나 벽에 수증기가 허옇게 얼어붙은 것.

●　㉢ 어떤 물질이 규칙적으로 조직되어 여러 면을 이루는 고체.

2단계　위에서 배운 낱말을 빈칸에 넣어 문장을 완성하세요.

(1) 겨울에는 창문에 [　][　] 가 하얗게 끼어 있을 때가 많다.

(2) 찬 바람이 불더니 오후에는 하늘에서 [　][　] 이 쏟아졌다.

(3) 눈송이를 돋보기로 들여다보았더니 예쁜 [　][　] 이 보였다.

3단계　다음 뜻에 알맞은 낱말을 빈칸에 넣어 십자말풀이를 하세요.

(1) 공기 중의 수분이 뭉쳐서 작은 물방울이나 얼음 결정의 덩어리가 되어 공중에 떠 있는 것.

(2) 물이 아래로 흐르다가 길게 얼어붙은 얼음.

		(1)
(2)		

슈바이처는 1875년에 독일에서 목사의 아들로 태어났습니다. 어릴 때부터 슈바이처는 가난한 친구들이나 약한 동물들을 잘 돌볼 정도로 마음이 착했습니다.

슈바이처는 ㉠ <u>서른</u> 살까지는 자신이 좋아하는 학문과 음악을 위해서 살고, 그 이후에는 어려운 사람을 돕기로 **결심**했습니다. 서른 살이 된 1905년에 의사가 되기 위한 공부를 시작하였습니다. 의사가 되어 아프리카의 가난한 사람들을 돕기 위해서였습니다. 의학 공부 중에 만난 헬레네라는 여인도 슈바이처와 뜻을 같이하였습니다.

슈바이처와 헬레네는 결혼한 뒤 1913년에 아프리카의 가봉이라는 나라로 갔습니다. 랑바레네 지역에 도착한 슈바이처는 병으로 **고통받는** 사람들을 치료하기 시작했습니다. 그런데 그때 큰 전쟁이 일어났습니다. 프랑스 군인들은 독일 사람이라는 이유로 슈바이처를 **감옥**에 가두었습니다.

전쟁으로 인해 아프리카를 떠났던 슈바이처는 7년 만에 랑바레네로 돌아갔습니다. 예전과 변함없이, 그는 아프고 가난한 사람들을 위해 일했습니다. 많은 사람의 도움을 받아 큰 병원도 지었습니다. 시간이 흐르면서 그 ㉡ <u>헌신</u>이 세상에 널리 알려져, 1952년에 슈바이처는 노벨 평화상을 받았습니다.

슈바이처는 그 후에도 계속해서 아프리카 사람들 곁에 머물렀습니다. 그리고 1965년, 90세에 세상을 떠날 때까지 가난하고 병든 이들을 위하여 **최선**을 다했습니다. 생명을 소중히 여기고 남을 위해 헌신했던 슈바이처의 정신은 우리에게 좋은 **본보기**가 되고 있습니다.

결심 할 일에 대하여 어떻게 하기로 마음을 굳게 정함. 또는 그런 마음. 決 결단할 결 心 마음 심　**고통받는** 몸과 마음의 아픔이나 괴로움을 겪는. 苦 괴로울 고 痛 아플 통　**감옥** 죄를 지은 사람을 가두어 두는 곳. 監 감옥 감 獄 감옥 옥　**헌신** 남을 위해 몸과 마음을 바쳐 있는 힘을 다함. 獻 바칠 헌 身 몸 신　**최선** 모든 정성(온갖 힘을 다하려는 참되고 성실한 마음)과 힘. 最 가장 최 善 착할 선　**본보기** 그대로 따라 할 만한 대상.

1 슈바이처가 태어난 나라는 어디인가요?

내용
파악

① 가봉　　　　　　　　　　② 미국

③ 영국　　　　　　　　　　④ 프랑스

⑤ 독일

2 슈바이처가 의사가 되어 처음 아프리카로 향했던 때는 언제인가요?

내용
파악

　　　　　　　　　　　　　　　　　　　　　년

3 슈바이처에 관한 내용으로 <u>틀린</u> 것을 고르세요.

내용
파악

① 1875년에 목사의 아들로 태어났다.

② 의사가 되기 위한 공부 중에 헬레네를 만나 결혼했다.

③ 큰 전쟁 때문에 아프리카를 떠나 다시 돌아가지 못했다.

④ 1952년에 노벨 평화상을 받았다.

⑤ 1965년, 90세에 세상을 떠났다.

6주
28회

4 이 글의 ㉠ '서른'을 숫자로 나타내면 무엇인가요?

어휘

① 20　　　　　　　　　　② 30

③ 40　　　　　　　　　　④ 50

⑤ 60

5

ⓒ '헌신'을 대신하여 넣을 수 있는 낱말을 고르세요.

① 건강 ② 욕심 ③ 희생

④ 재산 ⑤ 성격

6

다음 세계 지도에서 아프리카를 찾으세요.

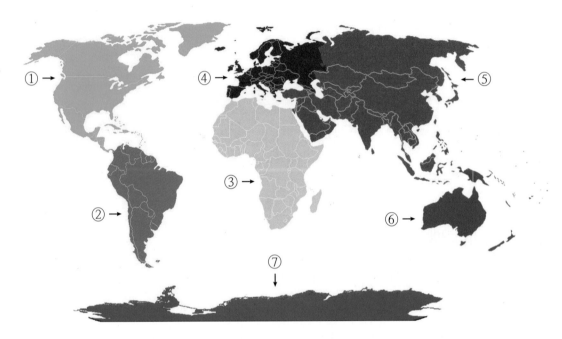

7

다음 중 이 글에 대해 <u>잘못</u> 말한 친구는 누구인가요?

① 대영: 나도 어른이 되면 어려운 사람들을 도우며 살고 싶어.

② 윤서: 어려운 일을 몸소 실천한 슈바이처가 정말 존경스러워.

③ 용훈: 헬레네도 슈바이처와 뜻을 같이한 걸 보면 대단한 사람이야.

④ 석진: 슈바이처가 돌아와 큰 병원을 지었으니 가봉 사람들도 프랑스를 좋아했을 거야.

⑤ 재철: 전쟁이 끝나자 랑바레네로 돌아간 슈바이처의 굳은 의지를 본받고 싶어.

어휘력 기르기

1단계 다음 낱말들의 뜻을 찾아 선으로 이으세요.

(1) 고통 •　　　　　　　　　　　• ㉠ 남을 위해 몸과 마음을 바쳐 있는 힘을 다함.

(2) 감옥 •　　　　　　　　　　　• ㉡ 죄를 지은 사람을 가두어 두는 곳.

(3) 헌신 •　　　　　　　　　　　• ㉢ 몸과 마음의 아픔이나 괴로움.

2단계 다음 문장의 빈칸에 알맞은 낱말을 위에서 찾아 쓰세요.

(1) 슈바이처는 아프리카 사람들을 위해 평생을 [　] [　] 했다.

(2) 다친 무릎의 [　] [　] 이 심해져서 병원에 갔다.

(3) 죄를 지으면 [　] [　] 에 갈 수도 있다.

3단계 다음 낱말의 뜻을 읽고, 빈칸에 알맞은 낱말을 쓰세요.

> **결심**: 할 일에 대하여 어떻게 하기로 마음을 굳게 정함. 또는 그런 마음.
>
> **실천**: 생각한 바를 실제로 행함.

(1) 나는 이번 방학 때 세운 계획을 제대로 [　] [　] 하지 못했다.

(2) 나는 내일부터 일찍 일어나기로 [　] [　] 했다.

㉠ [   ]

김동극

달팽이는 달팽이는
집을 ㉡ 지고 다니는
달팽이는

집 볼 사람 필요 없네.
자물쇠도 필요 없네.

달팽이는 달팽이는
집을 지고 다니는
달팽이는

비가 와도 걱정 없네.
저물어도 걱정 없네.

지고 물건을 싸서 묶어 등에 얹고.   **자물쇠** 열고 닫게 되어 있는 물건을 잠그는 장치.   **저물어도** 해가 져서 어두워져도.

1 ㉠에 들어갈 제목으로 가장 알맞은 것을 고르세요.

제목

① 달팽이

② 집

③ 자물쇠

④ 비

⑤ 걱정

2 이 시는 몇 연 몇 행으로 이루어졌나요?

구조

☐ 연 ☐ 행

3 이 시에서 반복되는 표현이 <u>아닌</u> 것을 찾으세요.

표현

① 달팽이는 달팽이는

② 집을 지고 다니는

③ 필요 없네

④ 걱정 없네

⑤ 저물어도

4 이 시에서 같은 표현을 반복 사용한 까닭은 무엇일까요?

추론

① 달팽이가 귀여워서.

② 시를 길게 쓰고 싶어서.

③ 달팽이가 너무 느려서.

④ 비가 오는 느낌을 살리려고.

⑤ 노래하는 듯한 느낌을 내려고.

5 ⓛ을 가장 잘 나타낸 그림을 찾으세요.

어휘

①    ②    ③

6 이 시에서, 달팽이는 집 볼 사람과 자물쇠가 필요 없고, 비가 와도 저물어도 걱정이 없다고 했습니다. 그 까닭은 무엇일까요?

내용 파악

① 달팽이에게는 집이 없어서.

② 달팽이에게는 집이 필요 없어서.

③ 달팽이가 곧 죽을 것 같아서.

④ 달팽이는 집을 지고 다니기 때문에.

⑤ 달팽이는 사람이 아니기 때문에.

7 이 시를 가장 잘 읽은 사람을 찾으세요.

감상

① 민정: 말하는 이는 징그러워서 달팽이를 싫어하는 것 같아.

② 선영: 말하는 이는 달팽이를 불쌍하게 여기고 있어.

③ 종훈: 말하는 이는 집 볼 사람도 필요 없고, 비가 와도 걱정 없는 달팽이를 부러워하는 것 같아.

④ 준석: 말하는 이는 달팽이를 보며 화를 내고 있지 않을까?

⑤ 미연: 말하는 이는 달팽이를 보며 집에 가고 싶어하는 것 같아.

어휘력 기르기

1단계 다음 낱말에 알맞은 사진을 찾아 선으로 이으세요.

(1) 자물쇠 •

• ㉠

(2) 열쇠 •

• ㉡

2단계 위에서 배운 낱말을 빈칸에 넣어 문장을 완성하세요.

(1) 어머니께서 잠긴 문을 ⬜⬜⬜⬜⬜ 로 열어 주셨다.

(2) 창고는 ⬜⬜⬜⬜⬜ 로 단단히 잠겨 있었다.

3단계 다음은 '보다'의 여러 뜻입니다. 밑줄 친 낱말의 알맞은 뜻을 찾아 번호를 쓰세요.

> 보다 ┊ ① 책이나 신문 등을 읽다.
> ┊ ② 맡아서 보살피거나 지키다.
> ┊ ③ 음식 맛이나 간을 알기 위해 조금 먹다.

(1) 언니가 음식 맛을 <u>보더니</u> 인상을 쓰고 돌아섰다.　　(　　)

(2) 현수는 꼼짝도 않고 두 시간째 책을 <u>보고</u> 있다.　　(　　)

(3) 동생은 어린데도 혼자서 씩씩하게 집을 <u>보았다</u>.　　(　　)

옛날 어느 마을에 부자 영감이 살고 있었습니다.

어느 날 밤, 누군가 영감 방의 창문을 두드렸습니다.

"영감님, 돈이 좀 필요해서 왔습니다. 제게 오십 **냥**만 빌려주십시오."

그런데 영감이 자세히 보니 모자 속에 뿔이 솟아 있었습니다. 도깨비였습니다. 영감은 겁이 나 어쩔 수 없이 오십 냥을 꺼내어 도깨비에게 건넸습니다.

"여기 있소. 대신 반드시 내일 갚아야 하오!"

다음 날 밤, 영감이 막 누우려는데 창문이 열리더니 돈 **꾸러미**가 날아들었습니다.

"어제 꾸어 간 오십 냥이오."

그런데 다음 날도, 그다음 날도, 도깨비는 빌린 돈을 창문 안으로 던졌습니다. 그 일은 일 년 동안 이어졌습니다. 그 덕분에 영감은 더 큰 부자가 되었습니다.

"난 그렇게 어리석은 도깨비는 처음 봤어. 꾸어 간 돈을 한 번만 갚으면 되는데 매일 갚으러 오더군. 물론 그 덕분에 난 **큰돈**을 모았지만. 하하하."

영감에 대한 소문은 **금세** 마을에 쫙 퍼져 도깨비 귀까지 들어갔습니다.

"한 번만 갚으면 되는 것도 모르고 매일 갚았네. 못된 영감! 혼을 내 줘야겠어!"

도깨비는 영감의 밭에 큰 돌을 가져다 놓고는 여러 곳에 **말뚝**을 박았습니다.

영감은 도깨비 짓이라는 것을 바로 알아채 크게 웃으며 소리쳤습니다.

"아이고, 고마워라! 도깨비가 은혜를 갚으려고 내게 선물을 주었구나. 큰 돌과 말뚝이 있으니 이제 **홍수**가 나도 걱정이 없겠어. 휴, 정말 다행이야. ㉠ 밭에 말똥, 개똥, 닭똥을 뿌려 놨으면 어쩔 뻔했어? 똥 밭에서는 일을 할 수 없는데 말이야."

그날 밤, 도깨비는 자신이 가져다 놓은 돌과 말뚝을 치우고, 밭에 말똥, 개똥, 닭똥을 잔뜩 뿌려 놓았습니다.

"아이고, 나는 망했다. 똥 냄새 때문에 일을 할 수가 없겠네."

도깨비는 영감의 말을 듣고는 만족하며 돌아갔습니다.

도깨비가 동물 똥을 밭에 뿌려서 ⓛ

- 전래 동화, 〈도깨비와 영감〉

냥 옛날 동전인 엽전을 세는 단위. 兩 냥(돈의 단위) 냥   **꾸러미** 어떤 물건을 싸서 묶은 것.   **큰돈** 많은 돈.   **금세** 얼마 되지 않은 짧은 시간 안에. '금시에'의 준말.   **말뚝** 땅에 두드려 박는 기둥.   **홍수** 비가 많이 와서 강이나 개천에 갑자기 많아진 물. 洪 홍수 홍 水 물 수

1

내용 파악

도깨비는 영감에게 얼마를 꾸었나요? 한글로 쓰세요.

 냥

2

내용 파악

도깨비는 왜 영감을 혼내 주겠다고 생각하였나요?

① 영감이 돈을 빌려주지 않아서.

② 영감이 도깨비의 정체를 알아차려서.

③ 영감이 돈을 빨리 갚으라고 해서.

④ 한 번만 갚으면 된다고 말하지 않고 돈을 계속 받아서.

⑤ 영감이 더 큰 부자가 되어서.

3

내용 파악

도깨비는 영감을 어떻게 혼내 주었나요?

① 때렸다.

② 돈을 빼앗아 갔다.

③ 영감의 밭에 큰 돌을 놓고 말뚝을 박았다.

④ 영감의 밭에 똥을 누었다.

⑤ 마을 사람들에게 망신을 당하게 하였다.

4

영감과 도깨비의 특징을 바르게 짝지은 것을 찾으세요.

	영감	도깨비
①	꾀가 많다	똑똑하다
②	꾀가 많다	어리석다
③	어리석다	꾀가 많다
④	돈이 많다	똑똑하다
⑤	돈이 없다	돈이 많다

5

영감은 도깨비에게 왜 ㉠처럼 말했을까요?

① 도깨비가 밭에 동물 똥을 뿌리게 하여 식물을 잘 자라게 하려고.

② 도깨비가 더러운 것을 만지게 하려고.

③ 동물 똥을 싫어해서.

④ 도깨비를 물리치기 위해서.

⑤ 동물 똥을 팔아 돈을 벌기 위해서.

6

위 5번 문제의 답을 생각하여 ㉡에 가장 알맞은 문장을 고르세요.

① 밭을 못 쓰게 되었습니다.

② 다시는 영감이 그 밭에 가지 않았습니다.

③ 도깨비들이 큰 벌을 받았습니다.

④ 마을 사람들이 영감을 놀렸습니다.

⑤ 영감은 농사를 잘 지어 돈을 더 벌었습니다.

1단계 다음 낱말의 뜻을 찾아 선으로 이으세요.

(1) 소문 •

(2) 말뚝 •

(3) 큰돈 •

• ㉠ 많은 돈.

• ㉡ 사람들이 많이 얘기하여 널리 전해진 말.

• ㉢ 땅에 두드려 박는 기둥.

2단계 위에서 배운 낱말을 빈칸에 넣어 문장을 완성하세요.

(1) 아버지는 농장 주변에 [　][　] 을 박으셨다.

(2) 할아버지는 공장을 차려 [　][　] 을 버셨다.

(3) 내가 수업 시간에 방귀를 뀌었다는 [　][　] 이 1학년에 퍼졌다.

3단계 다음 설명에 알맞은 자연재해를 빈칸에 쓰세요.

(1) 비가 많이 와서 강이나 개천에 갑자기 많아진 물.

(2) 오랫동안 계속 비가 내리지 않아 메마른 날씨.

(3) 땅이 흔들리는 일.

　　사람은 혼자서는 살아갈 수 없습니다. 다른 사람들과 끊임없이 관계를 맺고 서로 도움을 주고 받으며 살아갑니다. 동물 가운데에서도 동료와 서로 도우며 **사회성**을 띄는 것들이 있습니다. 대표적인 동물이 개미입니다.

　　여럿이 함께 살기 위해서는 **의사소통**이 매우 중요합니다. 개미는 의사소통 **수단**의 하나로 ㉠ 페로몬이라는 독특한 화학 물질을 **분비**합니다. 개미들은 페로몬으로 자신의 **자취**를 남기어 동료들의 **길라잡이** 역할을 하거나, 찾아낸 먹이의 종류와 위치를 동료들에게 전달합니다. 머리와 가슴, 다리 등에서 페로몬을 내뿜어 신호를 보내면 다른 개미들은 더듬이로 그 냄새를 맡아서 정보를 얻습니다. 페로몬을 이용해 적의 공격을 알리거나 동료에게 전투 신호를 보낼 수도 있습니다. 어떤 개미가 같은 가족인지, 다른 집단인지를 확인할 수도 있고, 개미 집단 안에서의 사회적 **지위**도 알 수 있습니다.

　　개미는 뒷다리로 배를 문질러서 내는 소리도 신호로 사용합니다. 이 소리는 비교적 가까운 거리에 있는 동료들에게 먹이의 위치나 적의 정보를 알립니다. 이 두 가지는 매우 중요한 ㉡ 통신 수단입니다.

　　개미는 다른 곤충과도 사회를 이루고 살아갑니다. 개미는 무당벌레를 쫓아내어 **진딧물**을 보호합니다. 그 **대가**로 진딧물이 분비하는 **단물**을 얻습니다. 이렇게 종류가 다른 생물이 서로 도우며 사는 관계를 공생 관계라고 합니다.

사회성 여럿이 모여서 질서를 유지하며 살아가려는 성질. 社 모일 사 會 모일 회 性 성질 성　　**의사소통** 생각이나 뜻이 서로 통함. 意 뜻 의 思 생각 사 疏 통할 소 通 통할 통　　**수단** 무엇을 하기 위한 방법이나 도구. 手 손 수 段 방법 단　　**분비** 세포가 액체를 밖으로 내보내는 일. 分 나눌 분 泌 분비할 비　　**자취** 어떤 것이 남긴 표시나 자리.　　**길라잡이** 길을 안내하는 사람이나 물건.　　**지위** 사회적 신분에 따른 위치나 자리. 地 신분 지 位 자리 위　　**진딧물** 풀이나 나뭇잎, 나뭇가지에서 진(풀이나 나무껍질 등에서 분비되는 끈끈한 물질)을 빨아먹는 곤충.　　**대가** 한 일에 대해 받는 돈이나 물건. 代 대신할 대 價 값 가　　**단물** 단맛이 나는 물.

1 다음 중 이 글의 제목으로 가장 알맞은 것을 고르세요.

제목

① 개미의 의사소통

② 개미의 페로몬

③ 개미의 사회성

④ 개미와 진딧물

⑤ 개미와 무당벌레

2 다음 중 ㉠의 역할이 <u>아닌</u> 것을 고르세요.

내용
파악

① 동료에게 길을 알린다.

② 적의 공격을 알린다.

③ 동료에게 전투 신호를 보낸다.

④ 같은 가족이라는 것을 알린다.

⑤ 개미집을 더욱 튼튼하게 만든다.

3 이 글의 내용을 정리하였습니다. 빈칸에 알맞은 낱말을 쓰세요.

내용
파악

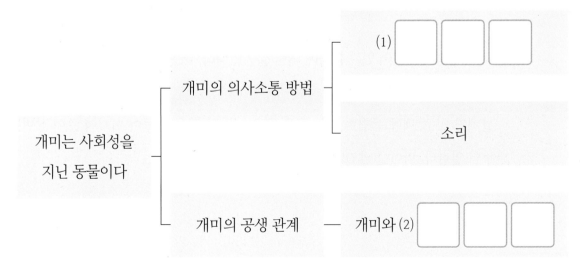

4 ‘어떤 동물을 잡아먹는 동물’을 ‘천적’이라고 합니다. 진딧물의 천적은 어떤 동물일까요? 앞 글에서 찾아 쓰세요.

적용

5 다음 글을 읽고, 흰동가리와 말미잘의 관계를 앞 글에서 찾아 쓰세요.

적용

> 바닷물고기 흰동가리는 말미잘에 숨어서 천적의 공격을 피한다. 그 대신 말미잘이 자신의 천적을 잡아먹을 수 있게 유인한다.

　　　　　　　　　　　　　　　　　　　　　　　　□□ 관계

6 소식을 전하는 도구를 ⓒ ‘통신 수단’이라고 합니다. 다음 중 요즘 사람들이 통신 수단으로는 거의 사용하지 <u>않는</u> 것을 찾으세요.

배경
지식

① 이메일　　　　　② 전화　　　　　③ 문자 메시지

④ 연　　　　　　　⑤ 편지

7 다음은 개미처럼 사회성이 있는 동물에 대한 설명입니다. 어떤 동물일까요?

배경
지식

> 날개가 있고, 배에 독침이 있는 곤충이다. 커다란 집을 만들어 여럿이 모여 살며, 역할을 나누어 일한다. 먹이를 발견하면 춤을 추어 동료에게 알린다.

어휘력 기르기

1단계 다음 낱말의 뜻을 찾아 선으로 이으세요.

(1) 분비 •   • ㉠ 어떤 것이 남긴 표시나 자리.

(2) 자취 •   • ㉡ 세포가 액체를 밖으로 내보내는 일.

(3) 지위 •   • ㉢ 사회적 신분에 따른 위치나 자리.

2단계 위에서 배운 낱말을 빈칸에 넣어 문장을 완성하세요.

(1) 사람은 ☐☐ 가 높아질수록 겸손해야 한다.

(2) 홍길동은 ☐☐ 도 없이 사라졌다.

(3) 맛있는 음식을 보면 나도 모르게 침이 ☐☐ 된다.

3단계 낱말의 뜻을 보고 빈칸에 알맞게 쓰세요.

> **날라**: 물건을 한 곳에서 다른 곳으로 옮겨.
>
> **날아**: 공중에 떠서 어떤 위치에서 다른 위치로 움직여.

(1) 참새가 내 머리 위로 ☐☐ 간다.

(2) 여러 사람이 짐을 함께 ☐☐ 이사가 금방 끝났다.

11월 15일 수요일   비가 쏟아질 듯이 어두운 하늘

제목: 달팽이 관찰 ㉠ 일기

- 이름: 김치
- **발견** 과정: 지난주 토요일에 할머니 댁에서 **김장**을 하다가 배춧잎 사이에서 달팽이를 발견함.
- 데리고 온 날: 11월 11일 토요일
- 모습: 아주 옅은 갈색 몸. 머리에 긴 **더듬이** 두 개, 작은 더듬이 두 개가 있음. 긴 더듬이 끝에는 눈이 있음. 등에는 짙은 갈색 점무늬의 껍데기가 있음.
- 길이: 11월 11일 4.5cm, 11월 15일 4.5cm(**변동** 없음)
- 먹이: 배추, 상추
- 특징: 갈색 똥을 많이 눔. 배추나 상추가 **시들면** 먹지 않음.

11월 11일

11월 15일

발견 아직 찾아내지 못하였거나 알려지지 않은 사물이나 사실을 찾아냄. 發 드러낼 발 見 볼 견   **김장** 겨울 동안 먹기 위해 김치를 한꺼번에 많이 담그는 일. 또 그 김치.   **더듬이** 일부 동물의 머리 부분에 튀어나와 있는 감각 기관.   **변동** 바뀌어 달라짐. 變 변할 변 動 변할 동   **시들면** 꽃이나 풀이 말라 싱싱하지 않게 되면.

1 이 글에 나온 달팽이 이름은 무엇인가요?

내용 파악

2 이 글 속 달팽이의 모습을 <u>잘못</u> 설명한 문장을 찾으세요.

내용 파악

① 몸은 아주 옅은 갈색이다.

② 길이는 4.5cm다.

③ 머리에 더듬이가 두 개 있다.

④ 등에 껍데기가 있다.

⑤ 달팽이의 껍데기에는 짙은 갈색 점무늬가 있다.

3 '집'의 높임말을 이 글에서 찾아 쓰세요.

어휘

4 이 글을 읽고 맞은 내용에는 ○표, 틀린 내용에는 X표 하세요. ○표는 모두 두 개입니다.

내용 파악

(1) 지난주 토요일에 달팽이를 발견했다. ( )

(2) 11월 11일에 달팽이를 집에 데리고 왔다. ( )

(3) 처음 발견한 날부터 이 일기를 쓴 날까지 달팽이는 많이 자랐다. ( )

(4) 달팽이는 초록색 똥을 많이 누었다. ( )

(5) 달팽이는 배추나 상추가 시들어도 잘 먹는다. ( )

5

배경
지식

달팽이에게 껍데기가 있는 까닭은 무엇일까요?

① 먹이가 부족하면 먹기 위해서.

② 위험할 때 숨기 위해서.

③ 풀에 잘 달라붙기 위해서.

④ 먹이를 저장해 놓기 위해서.

⑤ 굴러다니기 위해서.

6

배경
지식

다음 중 ㉠의 특징으로 틀린 것은 무엇인가요?

① 그날 겪은 일을 그날 적는다.

② 자신이 겪은 일을 자세히 쓴다.

③ 쓴 날짜, 요일, 날씨 등을 적는다.

④ 겪은 일에 대한 느낌을 솔직하게 쓴다.

⑤ 하루 일을 돌이켜 봐야 하기 때문에 꼭 저녁에 쓴다.

7

배경
지식

다음 동물은 사슴벌레입니다. 사슴벌레를 키우며 관찰 일기를 쓰려고 할 때, 내용으로 적절하지 <u>않</u>은 것을 고르세요.

① 생김새를 자세히 적는다.

② 관찰한 날짜를 적는다.

③ 먹이를 적는다.

④ 부모님께서 어떻게 생각하시는지 적는다.

⑤ 길이를 재어 얼마나 자랐는지 적는다.

1단계 다음 낱말의 뜻을 찾아 선으로 이으세요.

(1) 발견 •

(2) 김장 •

(3) 변동 •

• ㉠ 바뀌어 달라짐.

• ㉡ 겨울 동안 먹기 위해 김치를 한꺼번에 많이 담그는 일.

• ㉢ 아직 찾아내지 못하였거나 알려지지 않은 사물이나 사실을 찾아냄.

2단계 위에서 배운 낱말을 빈칸에 넣어 문장을 완성하세요.

(1) 아저씨는 바닷속에서 보물을 ☐☐ 하셨다.

(2) 겨울이 오기 전에 친척들이 우리 집에 모여 ☐☐ 을 했다.

(3) 가격이 ☐☐ 하였지만 사람들은 여전히 과일을 많이 사 먹는다.

3단계 다음 그림과 뜻을 보고 알맞은 낱말을 앞 글에서 찾아 쓰세요.

(1) 일부 동물의 머리 부분에 튀어나와 있는 감각 기관.

(2) 달걀이나 일부 동물의 겉을 싸고 있는 단단한 물질.

전철을 타기 위하여 역에 가면 많은 사람이 엘리베이터나 에스컬레이터를 이용합니다. 엘리베이터와 에스컬레이터는 우리가 위아래로 편하게 오르내릴 수 있도록 도와주는 중요한 시설물입니다. 이러한 시설물은 편리하지만, 주의하지 않으면 ㉠ **위험**에 빠질 수 있으므로 안전하게 이용해야 합니다.

엘리베이터에는 내리려는 사람이 다 내리고 난 뒤에 타야 합니다. 탈 사람이 엘리베이터에 먼저 오르면 내릴 사람이 제때 내리지 못할 수 있습니다. 그리고 엘리베이터의 문이 닫히고 있을 때 급하게 타면 안 됩니다. 문에 옷이나 물건이 끼어 크게 다칠 위험이 있습니다. 또 엘리베이터 안에서 뛰거나 심한 장난을 쳐서는 안 됩니다. 엘리베이터가 **충격**을 받아 갑자기 멈추거나 아래로 떨어질 수 있기 때문입니다. 엘리베이터에 타면 자신이 가려는 층의 단추만 누릅니다. 장난으로 여러 층 단추를 누르면 같이 **탑승**한 사람과 엘리베이터를 기다리는 사람들에게 불편을 끼칩니다.

에스컬레이터에는 순서를 지켜서 천천히 탑니다. 그리고 바닥에 그려져 있는 노란 안전선 안에 두 발을 올리고 바르게 서 있어야 합니다. 안전선 밖에 서면 옷의 끝부분이나 신발끈이 틈새에 낄 수 있어 위험하기 때문입니다. 에스컬레이터가 갑자기 멈추거나 발이 미끄러져서 넘어질 수 있으므로 한 손으로는 반드시 옆에 있는 안전 손잡이를 잡습니다. 또 무거운 물건을 에스컬레이터 위에 올려놓으면 **고장**이 날 수 있으므로, 불편하더라도 무거운 짐은 계단이나 엘리베이터로 옮기는 게 좋습니다.

주의 **사항**을 잘 지키며 시설물을 이용하면 뜻하지 않은 사고를 예방할 수 있습니다. 그리고 우리 생활은 더 편해질 것입니다. 그러므로 우리 모두 시설물을 안전하게 이용해야 합니다.

위험 몸이나 생명 등이 안전하지 않음. 危 위험할 위 險 험할 험　　**충격** 물체에 갑자기 강하게 가하여지는 힘. 衝 부딪칠 충 擊 부딪칠 격　　**탑승** 배, 비행기, 차 등에 올라탐. 搭 탈 탑 乘 탈 승　　**고장** 기구나 기계가 제대로 움직이지 못하게 된 상태. 故 까닭 고 障 막을 장　　**사항** 몇 가지로 나뉘어 정리된 일들 하나하나. 事 일 사 項 항목 항 ⓔ 주의 사항, 요구 사항

1

주제

이 글의 중심 내용은 무엇인가요?

① 전철을 이용하자.

② 엘리베이터를 타지 말자.

③ 계단 대신 에스컬레이터를 만들자.

④ 시설물을 안전하게 이용하자.

⑤ 시설물을 깨끗하게 이용하자.

2

내용
파악

엘리베이터와 에스컬레이터를 이용하는 이유는 무엇인가요?

☐☐☐ 로 편하게 오르내리기 위해서 이용한다.

3

배경
지식

다음 중 시설물에 해당하지 <u>않는</u> 것을 고르세요.

> 시설물: 어떤 목적을 위해 만들어 놓은 기계나 장치, 도구 등을 통틀어 이르는 말.

① 엘리베이터   ② 에스컬레이터   ③ 다리

④ 나무   ⑤ 신호등

7주

33회

4

어휘

㉠ '위험'과 반대의 뜻을 가진 낱말을 이 글에서 찾아 쓰세요.

5 엘리베이터 이용 방법으로 <u>잘못된</u> 것을 고르세요.

내용
파악

① 내리려는 사람이 다 내리고 난 뒤에 탄다.

② 문이 닫히고 있을 때에는 무리해서 타지 않는다.

③ 엘리베이터 안에서는 뛰거나 장난을 치지 않는다.

④ 엘리베이터의 단추는 자신이 가려는 층만 누른다.

⑤ 엘리베이터에 충격을 줄 수 있으므로 짐은 실으면 안 된다.

6 에스컬레이터 이용 방법으로 <u>잘못된</u> 것을 고르세요.

내용
파악

① 순서를 지켜서 천천히 탄다.

② 바닥에 그려져 있는 노란 안전선 위에 두 발을 올려놓는다.

③ 바른 자세로 서서 탄다.

④ 한 손으로는 안전 손잡이를 잡는다.

⑤ 무거운 물건이 있을 때에는 에스컬레이터를 이용하지 않는 것이 좋다.

7 다음 사진이 나타내는 낱말을 앞 글에서 찾아 쓰세요.

어휘

1단계 다음 낱말들의 뜻을 찾아 선으로 이으세요.

(1) 위험　●　　　　　　　　　　　●　㉠ 물체에 갑자기 강하게 가하여지는 힘.

(2) 충격　●　　　　　　　　　　　●　㉡ 몇 가지로 나뉘어 정리된 일들 하나하나.

(3) 사항　●　　　　　　　　　　　●　㉢ 몸이나 생명 등이 안전하지 않음.

2단계 다음 문장의 빈칸에 알맞은 낱말을 위에서 찾아 쓰세요.

(1) 자동차가 다니는 길에서 노는 것은 매우 ☐☐ 하다.

(2) 공공 장소에서는 우리가 지켜야 할 주의 ☐☐ 이 많다.

(3) 휴대 전화기가 심한 ☐☐ 으로 완전히 망가졌다.

3단계 다음 낱말의 두 가지 뜻을 읽고, 알맞은 뜻을 찾아 선으로 이으세요.

> 고장　┆　㉠ 기구나 기계가 제대로 움직이지 못하게 된 상태.
> 　　　┆　㉡ 사람이 많이 사는 지방이나 지역.

(1) 우리 고장은 바다와 매우 가깝다.　●　　　　　　　　　●　㉠

(2) 시계가 고장이 났다.　●　　　　　　　　　　　　　　　●　㉡

꼬마 눈사람

강소천 작사
한용희 작곡

한 겨 울 에 밀 짚 모 자 꼬 마 눈 사 람
하 루 종 일 우 두 커 니 꼬 마 눈 사 람

눈 썹 이 우 습 구 나 코 도 - 삐 뚤 고
무 엇 을 생 각 하 고 혼 자 - 섰 느 냐

거 울 을 보 여 줄 까 꼬 마 눈 사 람
집 으 로 들 어 갈 까 꼬 마 눈 사 람

작사 노랫말을 지음. 作 지을 작 詞 글 사 **작곡** 음의 높낮이와 박자를 이용하여 음악 작품을 창작하는 일. 作 지을 작 曲 노래 곡 **한겨울** 겨울에서 추위가 가장 강한 때. **밀짚모자** 밀짚(식물 밀에서 곡식의 알을 떨어낸 줄기)으로 만들어 여름에 쓰는 모자. **종일** 아침부터 저녁까지 내내. 終 마칠 종 日 날 일 **우두커니** 정신이 나간 듯이 가만히 한자리에 서 있거나 앉아 있는 모양.

1 이 글은 동요 가사입니다. 악보에 대한 설명으로 바른 것을 찾으세요.

배경
지식

① 아영: '$\frac{4}{4}$'는 '2분의 4박자'라고 읽어.

② 준수: 8분음표(♪)가 가장 많이 쓰였어.

③ 선우: 4분음표(♩)는 8분음표(♪)보다 짧게 불러야 해.

④ 지민: '𝄾'는 숨을 쉬라는 표시로, '숨표'라고 해.

⑤ 유미: 한 줄에 쓰인 음표 개수가 세 줄 모두 똑같아.

2 이 노래의 글쓴이는 꼬마 눈사람을 어디로 데려가려고 하나요?

내용
파악

3 이 노래의 글쓴이가 눈사람을 우습다고 생각하는 까닭이 <u>아닌</u> 것을 찾으세요.

내용
파악

① 눈사람이 추운 겨울에 여름 모자를 쓰고 있다.

② 눈사람 눈썹이 우습게 생겼다.

③ 눈사람 코가 삐뚤다.

④ 눈사람이 거울을 보고 있다.

4 이 노래의 분위기로 옳지 <u>않은</u> 것을 고르세요.

추론

① 재미있다   ② 신난다

③ 지루하다   ④ 웃긴다

⑤ 밝다

5 이 노래를 가장 잘 감상한 사람을 고르세요.

감상

① 승현: 아프리카에도 눈이 올지 궁금해.

② 정규: 추운 겨울에 밖에서 눈사람을 만들다니 이해가 안 돼.

③ 훈석: 부모님과 눈썰매를 타고 놀던 작년 겨울이 기억나.

④ 진호: 꼬마 눈사람에게 밀짚모자를 씌운 사람이 누구인지 궁금해.

⑤ 지은: 꼬마 눈사람을 웃기게 나타냈지만 걱정도 하고 있는 것 같아.

6 이 노래의 특징을 가장 잘 나타낸 문장을 찾으세요.

배경
지식

① 4(3)글자, 4글자, 5글자로 글자 수를 비슷하게 맞추어 리듬감을 만들었다.

② 자신이 만들었다는 것을 강조하기 위해서 '꼬마 눈사람'을 반복하였다.

③ '코도-'의 줄표(-)는 짧게 끊어 부르라는 표시다.

④ 한 명이 1절을 부르는 동안 다른 사람은 2절을 불러야 한다.

⑤ '한겨울에 밀짚모자 꼬마 눈사람' 다음에 '하루 종일 우두커니 꼬마 눈사람'을 부른다.

* **리듬감** 무엇이 일정하게 반복되어 나타나는 음악적 느낌.

7 이 노래에 나오는 꼬마 눈사람을 찾으세요.

적용

①   ②   ③

어휘력 기르기

8 문제 가운데 (　　) 문제 맞힘

1단계 다음 낱말의 뜻을 찾아 선으로 이으세요.

(1) 작사 •

(2) 작곡 •

(3) 종일 •

• ㉠ 아침부터 저녁까지 내내.

• ㉡ 음의 높낮이와 박자를 이용하여 음악 작품을 창작하는 일.

• ㉢ 노랫말을 지음.

2단계 위에서 배운 낱말을 빈칸에 넣어 문장을 완성하세요.

(1) 선생님께서 ☐☐ 하신 노래에 내가 가사를 지어 붙였다.

(2) 어머니는 아름다운 낱말을 이용하여 ☐☐ 를 하신다.

(3) 아침부터 ☐☐ 비가 내린다.

3단계 다음 설명을 읽고 '한-'이 들어간 낱말을 알맞게 쓰세요.

한 - : 가장 기운찬.

(1) 겨울에서 추위가 가장 강한 때. ☐☐☐

(2) 낮 열두 시쯤. 낮의 한가운데. ☐☐

옛날 어느 가을날에 착한 농부가 밭에서 무를 뽑고 있었습니다. 희고 **탐스러운** 무가 쑥쑥 뽑혀 나왔습니다.

그러다 착한 농부는 아주 커다란 무를 뽑았습니다. 착한 농부는 ㉠ 신바람이 나서 어깨가 들썩들썩하였습니다. 착한 농부는 신기해서 그것을 **고을** 사또에게 바치기로 하였습니다.

"사또, 제가 평생 농사를 지었지만 이렇게 커다란 무는 처음 봅니다. 사또께 이 무를 바치고 싶습니다."

"그래, 고맙구나. 이렇게 커다란 무는 나도 본 적이 없다. 귀한 선물을 받았으니까 나도 무엇인가 **보답**을 해야지. **이방**, 요즈음 들어온 물건 중에 이 농부에게 내어줄 것이 있느냐?"

이방은 송아지 한 마리를 끌고 나와 농부에게 주었습니다.

착한 농부가 사또에게 무를 바치고 송아지를 받아오자 고을 사람들은 무척 부러워하였습니다. 그 이야기를 들은 욕심꾸러기 농부는 ㉡ **샘**이 났습니다.

'사또께 송아지를 갖다 바치면 더 큰 선물을 받을 수 있겠지?'

욕심꾸러기 농부는 송아지를 끌고 사또에게 갔습니다.

"사또, 제가 지금껏 소를 많이 키워 보았지만 이렇게 **살진** 송아지는 처음 봅니다. 이 송아지를 사또께 드리고 싶습니다."

사또는 고마워하며 이방에게 말하였습니다.

"이방, 무엇인가 보답을 해야겠는데, 요즈음 들어온 물건 중에서 귀한 것이 뭐가 있느냐?"

"㉢ 며칠 전에 들어온 커다란 무가 있습니다."

"옳지! 그 무를 내어다가 농부에게 주어라."

욕심꾸러기 농부는 커다란 무를 받고 실망한 채 집으로 돌아왔습니다.

– 전래 동화, 〈송아지와 바꾼 무〉

탐스러운 가지고 싶은 마음이 들 정도로 보기가 좋은. 貪 탐낼 탐　**고을** 조선 시대에, '마을'을 이르던 말.　**보답** 은혜를 갚음. 報 갚을 보 答 갚을 답　**이방** 조선 시대에, 원(고을을 다스리던 사람)을 도와 인사(관리들에 대한 일을 맡아 처리하는 일) 일을 맡아 보던 부서나 사람. 吏 관리 이 房 방 방　**샘** 남의 물건을 탐내거나, 자기보다 나은 사람을 미워함.　**살진** 살이 많고 튼튼한.

1

내용
파악

이 글에서 착한 농부가 밭에서 뽑아 사또에게 바친 것은 무엇인가요?

① ② ③
④ ⑤

2

내용
파악

사또가 착한 농부에게 준 것은 무엇인가요?

① 송아지　　　　　　② 당나귀
③ 돼지　　　　　　④ 닭
⑤ 말

3

인물

다음 중 이 글에 나오지 <u>않는</u> 인물을 고르세요.

① 착한 농부　　　② 욕심꾸러기 농부　　　③ 사또
④ 임금　　　　⑤ 이방

4

추론

㉠에 나타난 농부의 기분을 고르세요.

① 무서움   ② 화남   ③ 슬픔

④ 기쁨   ⑤ 억울함

5

어휘

㉡ '샘'과 바꾸어 쓸 수 있는 말을 고르세요.

① 힘   ② 화   ③ 병

④ 눈물   ⑤ 질투

6

내용
파악

㉢ '며칠 전에 들어온 커다란 무'는 어떤 것인가요?

① 이방이 키운 무   ② 착한 농부가 사또에게 바친 무

③ 욕심꾸러기 농부가 버린 무   ④ 사또가 시장에서 산 무

⑤ 착한 농부가 잃어버린 무

7

줄거리

이 글의 내용을 정리했습니다. 순서에 맞도록 번호를 쓰세요.

① 욕심꾸러기 농부가 살진 송아지를 사또에게 바쳤다.

② 착한 농부가 커다란 무를 뽑아 사또에게 바쳤다.

③ 사또가 보답으로 커다란 무를 주었다.

④ 사또가 보답으로 송아지를 주었다.

☐ → ☐ → ☐ → ☐

1단계 다음 낱말들의 뜻을 알맞게 이으세요.

(1) 탐스러운　●　　　　　　　　●　㉠ 구하기나 얻기가 아주 힘든.

(2) 살진　●　　　　　　　　●　㉡ 가지고 싶은 마음이 들 정도로 보기가 좋은.

(3) 귀한　●　　　　　　　　●　㉢ 바라던 일이 뜻대로 되지 않아 마음이 상한.

(4) 실망한　●　　　　　　　　●　㉣ 살이 많고 튼튼한.

2단계 다음 낱말의 반대말을 위에서 찾아 쓰세요.

> 흔한: 자주 있거나 일어나서 쉽게 볼 수 있는.

(1) 이 도자기는 세상에 하나밖에 없는 [　　　　　] 물건이다.

3단계 다음 두 낱말의 뜻을 읽고 문장에 알맞은 낱말을 고르세요.

> 바치다: 웃어른이나 높으신 분께 정중하게 드리다.
> 받치다: 물건의 밑이나 옆 따위에 다른 물체를 대다.

(1) 물이 쏟아질까 봐 그릇을 두 손으로 (바치고 / 받치고) 걸었다.

(2) 신하들은 임금에게 맛있는 음식을 (바쳤다 / 받쳤다).

악기는 종류가 무척 많습니다. 그 가운데 줄을 튕기거나 문질러 소리를 내는 악기를 '현악기' 라고 합니다. 현악기에는 기타, 바이올린, 첼로, **가야금** 등이 있습니다.

현악기 가운데 바이올린과 첼로는 공통점이 많습니다. 두 악기 모두 4줄로 이루어져 있으며, 생김새도 비슷합니다. 또 둘 다 몸통 가운데쯤에 'f'자 모양의 구멍이 있습니다. 연주하는 방법 도 같습니다. 손가락으로 줄을 튕기기도 하지만 주로 **활**로 줄을 문질러 소리를 냅니다. 두 악기 의 활은 모두 말의 꼬리털로 만듭니다.

바이올린과 첼로의 가장 큰 차이점은 크기입니다. 바이올린은 작아서 어깨에 올린 뒤 턱으로 **고정**하고 주로 서서 연주합니다. 턱으로 눌러야 하기 때문에 악기의 앞면에 턱받침이 달려 있 습니다. 첼로는 크기 때문에 바닥에 세워 놓고 주로 의자에 앉아 **켭니다.** 턱받침은 없으며, 악기 끝에 달린 **엔드핀**을 바닥에 대고 세웁니다. 크기가 다른 만큼 소리도 차이가 납니다. 바이올린 은 높은음, 첼로는 낮은음이 납니다.

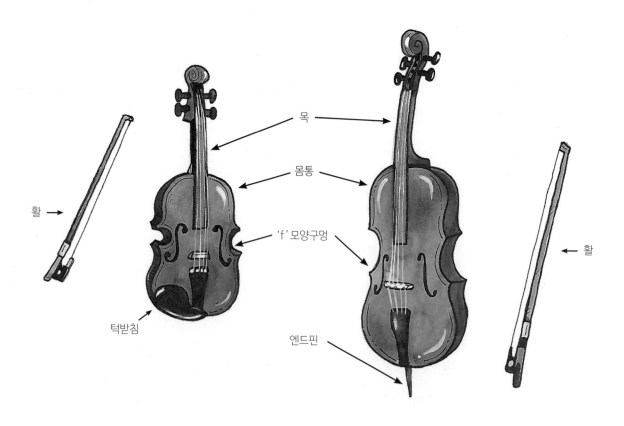

가야금 우리나라의 현악기. 오동나무 판 위에 열두 줄을 매고 손가락으로 뜯어 소리를 낸다. 伽 나라 이름 가 倻 나라 이름 야 琴 거문고 금　　**활** 현악기에서, 줄을 문지르는 데에 쓰는 도구.　　**고정** 움직이지 않게 한곳에 꼭 붙어 있게 함. 固 굳을 고 定 정할 정　　**켭니다** 현악기의 줄을 활 등으로 문질러 소리를 냅니다.　　**엔드핀** 첼로 등을 바닥에 대고 세우기 위해 악기에 붙이는 막대. end pin

---

1

내용
파악

다음 설명에 알맞은 낱말을 이 글에서 찾아 쓰세요.

줄을 튕기거나 문질러 소리를 내는 악기.

2

내용
파악

바이올린과 첼로의 공통점이 맞으면 ○표, 틀리면 X표를 하세요. ○표는 모두 두 개입니다.

(1) 바이올린과 첼로는 생김새가 비슷하다.　　　　　　　　　(　　　)

(2) 둘 다 4줄로 이루어졌다.　　　　　　　　　　　　　　(　　　)

(3) 몸통에 's'자 모양의 구멍이 있다.　　　　　　　　　(　　　)

(4) 두 악기 모두 주로 활로 줄을 튕겨 소리를 낸다.　　　　(　　　)

3

내용
파악

다음 중 바이올린과 첼로의 차이점으로 옳지 <u>않은</u> 것을 찾으세요.

① 크기가 다르다.

② 바이올린은 어깨에 올려놓고, 첼로는 바닥에 세워 놓고 연주한다.

③ 바이올린에는 턱받침이 있지만 첼로에는 없다.

④ 바이올린은 주로 서서, 첼로는 주로 앉아서 연주한다.

⑤ 바이올린은 낮은음, 첼로는 높은음이 난다.

4 빈칸에 알맞은 낱말을 넣어 이 글의 주제를 완성하세요.

주제

바이올린과 첼로의 □□□ 과 □□□

5 바이올린과 첼로를 연주할 때 사용하는 활은 어느 동물의 털로 만드나요?

내용
파악

□ 의 꼬리털

6 다음 악기 가운데 우리나라 전통 현악기는 무엇인가요?

배경
지식

① 기타   ② 바이올린

③ 첼로   ④ 가야금

⑤ 장구

7 다음 연주 자세에 어울리는 악기는 무엇인가요?

적용

① 기타

② 바이올린

③ 첼로

④ 가야금

⑤ 장구

어휘력 기르기

1단계 다음 낱말의 뜻을 찾아 선으로 이으세요.

(1) 현악기 •

(2) 타악기 •

(3) 관악기 •

• ㉠ 손이나 막대 등으로 두드려 소리를 내는 악기.

• ㉡ 줄을 퉁기거나 문질러 소리를 내는 악기.

• ㉢ 입으로 불어서 관 안의 공기를 진동시켜 소리를 내는 악기.

2단계 위에서 배운 낱말을 빈칸에 넣어 문장을 완성하세요.

(1) 북, 장구, 탬버린은 두드려서 소리를 내는 ☐☐☐ 다.

(2) 리코더는 입으로 불어서 소리를 내는 ☐☐☐ 다.

(3) 바이올린과 첼로는 줄을 문질러 소리를 내는 ☐☐☐ 다.

3단계 다음 중 바르게 쓴 낱말을 찾아 ○표 하세요.

(1) 현수가 불을 (켜고, 키고) 책을 읽었다.

(2) 민주가 바이올린을 (켜고, 키고) 있다.

(3) 찬물을 갑자기 (들이켜면, 들이키면) 배가 아프다.

무지개 초등학교 겨울 현장 체험 학습

● **대상**: 무지개 초등학교 1학년 어린이들

● **일시**: 12월 10일 오전 10시

● 장소: △△천 탐조대

● 준비물: **귀마개**, 장갑 등 몸을 따뜻하게 할 수 있는 물건, 두꺼운 겉옷, 물, 간식

　　　　거리, **필기도구**

● **주의** 사항

① 12월 10일 오전 9시에 학교 앞에서 버스로 출발합니다. 따라서 학생들은 8시

　 40분까지 학교 운동장에 모여야 합니다.

② 버스를 타면 반드시 안전띠를 맵니다.

③ 쓰레기를 체험장 주변에 함부로 버리지 않습니다.

④ 날씨가 추우니 옷을 따뜻하게 입고 귀마개와 장갑 등을 반드시 착용합니다.

⑤ 차례를 지켜 새를 관찰합니다.

⑥ ⬚

현장 어떤 물건이 있거나 어떤 일이 벌어진 곳. 現 나타날 현 場 장소 장　　**체험** 직접 겪는 경험. 體 몸 체 驗 경험 험　　**대상** 어떤 일의 상대 또는 목표나 목적. 對 상대 대 象 모양 상　　**일시** 날짜와 시간. 日 날 일 時 때 시　　**-천** 강보다 조금 작은 물을 나타내는 말. 川 내 천　　**탐조대** 새들이 살아가는 모습을 관찰하기 위해 만든 곳. 探 엿볼 탐 鳥 새 조 臺 대(높게 쌓아 올린 곳) 대　　**귀마개** 귀가 시리지 않도록 귀를 덮는 물건.　　**필기도구** 글을 쓰는 데에 사용하는 물건. 筆 글씨 필 記 쓸 기 道 방법 도 具 도구 구　　**주의** 마음에 새겨 두고 조심함. 注 둘 주 意 뜻 의

1 이 글의 종류는 무엇일까요?

① 경고문: 무엇을 조심하거나 하지 않도록 주의를 주는 글.

② 안내문: 어떤 내용을 소개하여 알려 주는 글.

③ 논설문: 어떤 주제에 관하여 자기의 생각이나 주장을 밝혀 쓴 글.

④ 감상문: 어떤 사물이나 현상을 보고 느낀 점을 쓴 글.

⑤ 기행문: 여행하면서 보고, 듣고, 느낀 것을 적은 글.

2 준비물이 필요한 까닭을 가장 잘 적은 것을 찾으세요.

① 귀마개: 시끄러운 새소리를 듣지 않기 위해서.

② 두꺼운 겉옷: 알을 깨고 나온 새끼를 따뜻하게 감싸 주기 위해서.

③ 물: 겨울이라 물을 구하기 어려운 새들에게 주기 위해서.

④ 간식거리: 들판에 뿌려, 그것을 먹으러 온 새들을 관찰하기 위해서.

⑤ 필기도구: 관찰한 내용을 기록하기 위해서.

3 무슨 내용을 전하려고 쓴 글인가요?

① 겨울 현장 체험 학습을 갈 때 필요한 내용.

② 무지개 초등학교 소개.

③ △△천 탐조대 소개.

④ 겨울철에 몸을 따뜻하게 하는 방법.

⑤ 겨울 철새를 관찰하는 방법.

* **철새**: 계절에 따라 이리저리 옮겨 다니며 사는 새.

4 무지개 초등학교 1학년은 12월 10일 몇 시까지 학교 운동장에 모여야 하나요? 숫자는 한 칸에 두 자까지 쓸 수 있습니다.

내용 파악

☐ 시 ☐ 분

5 12월 9일 오후, 무지개 초등학교에 다니는 현수는 다음 날 현장 체험 학습을 가기 위해 준비물을 챙기려고 합니다. 꼭 챙기지는 않아도 되는 물건은 무엇인가요?

내용 파악

① 장갑   ② 귀마개   ③ 물
④ 필기도구   ⑤ 사진기

6 다음 중 이 글에 실린 주의 사항이 아닌 것은 무엇인가요?

내용 파악

① 버스를 타면 안전띠를 맨다.
② 쓰레기를 체험장 주변에 함부로 버리지 않는다.
③ 여기저기 돌아다녀야 하니 옷을 가볍게 입는다.
④ 장갑을 반드시 착용한다.
⑤ 차례를 지켜 새를 관찰한다.

7 다음 중 이 글의 주의 사항 ⑥에 들어갈 만한 내용을 찾으세요.

배경 지식

① 새들에게 반갑게 인사합니다.
② 새를 만나면 손으로 직접 먹이를 줍니다.
③ 새소리를 내어 새를 유인합니다.
④ 큰 소리를 내면 새들이 놀라니 조용히 관찰합니다.
⑤ 새들이 잘 알아볼 수 있게 화려한 색 옷을 입습니다.

어휘력 기르기

1단계 다음 낱말의 뜻을 찾아 선으로 이으세요.

(1) 체험 •   • ㉠ 직접 겪는 경험.

(2) 탐조 •   • ㉡ 마음에 새겨 두고 조심함.

(3) 주의 •   • ㉢ 새들이 살아가는 모습을 관찰함.

2단계 위에서 배운 낱말을 빈칸에 넣어 문장을 완성하세요.

(1) 꿈을 정하려면 다양한 ⬚⬚ 을 하는 것이 좋다.

(2) 동물을 관찰할 때에는 소리가 나지 않게 ⬚⬚ 해야 한다.

(3) 우리 식구는 사진기와 망원경을 가지고 ⬚⬚ 여행을 다녀왔다.

3단계 다음 뜻에 알맞은 낱말을 빈칸에 넣어 십자말풀이를 하세요.

(1) 글씨나 그림 등을 지우는 물건.

(2) 귀가 시리지 않도록 귀를 덮는 물건.

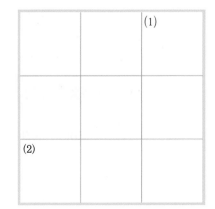

우리는 이웃과 서로 영향을 주고받으며 살고 있습니다. 그런데 이웃에게 해를 끼치거나 불편을 준다면 사이가 나빠질 수 있습니다. 따라서 우리는 이웃을 **배려**하며 지내야 합니다.

소음을 주의해야 합니다. 피아노 같은 악기 소리, 집에서 듣는 음악 소리뿐 아니라, 걷거나 의자에 앉을 때 나는 소리, 화장실에서 물을 사용할 때 발생하는 소리에도 이웃은 불편을 느낄 수 있습니다. 따라서 평소에는 너무 큰 소리를 내지 않게 조심하고, 늦은 시간에는 더욱 신경을 써야 합니다.

쓰레기도 잘 처리해야 합니다. **재활용** 쓰레기는 종류별로 잘 정리하여 정해진 곳에 버립니다. 음식물 쓰레기처럼 냄새가 날 수 있는 쓰레기는 이웃에게 피해가 가지 않도록 더욱 조심해야 합니다. 또 작은 쓰레기라고 해서 길에 함부로 버려서는 안 됩니다. 다른 사람이 지나가다가 밟아서 그 쓰레기가 묻거나 그것에 부딪쳐서 다칠 수 있기 때문입니다.

이웃이 **인상**을 찌푸릴 만한 일을 하지 않는다면 이웃도 나에게 불편을 느끼지 않게 하려고 조심할 것입니다. 서로를 배려하며 이웃끼리 사이좋게 지냅시다.

배려 도와주거나 보살펴 주려고 마음을 씀. 配 나눌 배 慮 생각할 려   **소음** 불쾌하고 시끄러운 소리. 騷 떠들 소 音 소리 음   **재활용** 버려진 물건을 쓰임을 바꾸거나 다른 제품으로 만들어 다시 씀. 再 다시 재 活 살 활 用 쓸 용 **인상** 사람 얼굴의 생김새. 人 사람 인 相 모양 상

1

다음 중 이 글에서 가장 중요한 낱말을 찾으세요.

① 이웃   ② 배려

③ 소음   ④ 쓰레기

⑤ 인상

2 이 글에서 글쓴이가 주장하는 내용은 무엇인가요?

주제

① 소음을 내지 말자.

② 화장실에서 물을 사용하지 말자.

③ 이웃을 배려하자.

④ 인상을 찌푸리지 말자.

⑤ 음식물 쓰레기를 줄이자.

3 이 글의 내용으로 다음 표를 완성하세요.

내용
파악

주장	(1) 이웃을 ☐☐ 하자.
방법 1	(2) ☐☐ 을 주의해야 한다.
방법 2	(3) ☐☐☐ 를 잘 처리해야 한다.
결론	(4) 서로를 ☐☐ 하며 이웃끼리 사이좋게 지내자.

4 이웃끼리 지켜야 할 행동을 잘못 이해한 사람을 찾으세요.

적용

① 소연: 이제 늦은 시간에는 피아노를 치지 말아야겠어.

② 성훈: 집에서 뛰지 말고 사뿐사뿐 걸어야지.

③ 정민: 집에서 부르는 노래도 누군가에게는 소음이 될 것 같아. 앞으로 노래는 노래방에서
　　　　불러야겠어.

④ 윤주: 늦은 시간까지 텔레비전 소리를 너무 크게 켜 놓으면 안 되겠다.

⑤ 승우: 작은 쓰레기 정도는 보이지 않는 곳에 버려도 돼.

5 이 글의 내용과 같은 것은 무엇인가요?

내용
파악

① 우리는 이웃이 없어도 잘 지낼 수 있다.

② 집에서 걷는 소리에도 이웃은 불편을 느낄 수 있다.

③ 너무 늦은 시간만 아니면 큰 소리를 내도 괜찮다.

④ 냄새가 나는 쓰레기는 버리지 않는다.

⑤ 인상을 찌푸리지 않아야 이웃도 자신을 불편하게 하지 않는다.

6 다음 중 이웃을 배려하지 <u>않은</u> 사람은 누구인가요?

적용

① 오후 6시 이후에는 피아노를 치지 않기로 한 누나.

② 사람들이 밟을까 봐 길에 떨어진 쓰레기를 치운 형.

③ 아랫집에 소음이 들릴까 봐 슬리퍼를 신고 다니는 어머니.

④ 여러 사람이 탄 엘리베이터에서 시끄럽게 통화하는 아저씨.

⑤ 사람들이 미끄러지지 않도록 집 앞 도로에 쌓인 눈을 치운 아버지.

7 자기 의견을 내세우는 것을 '주장'이라고 합니다. 다음 중 주장이 담긴 문장을 찾으세요.

추론

① 아침밥을 먹자.

② 토끼는 어떤 동물인가요?

③ 내 동생은 유치원에 다닙니다.

④ 우리나라는 사계절이 뚜렷하다.

⑤ 내 친구를 소개합니다.

1단계 다음 낱말의 뜻을 찾아 선으로 이으세요.

(1) 배려 •

(2) 소음 •

(3) 인상 •

• ㉠ 사람 얼굴의 생김새.

• ㉡ 불쾌하고 시끄러운 소리.

• ㉢ 도와주거나 보살펴 주려고 마음을 씀.

2단계 위에서 배운 낱말을 빈칸에 넣어 문장을 완성하세요.

(1) 승현이는 길에 떨어진 쓰레기를 보고 ☐☐ 을 찌푸렸다.

(2) 새벽부터 옆 건물에서 ☐☐ 이 들려왔다.

(3) 선생님은 눈이 나쁜 민주가 앞자리에 앉게 ☐☐ 해 주셨다.

3단계 다음 설명에 맞는 쓰레기 종류를 앞 글에서 찾아 쓰세요.

(1) 쓰임을 바꾸거나 다른 제품으로 만들어 다시 사용할 수 있는 쓰레기.

재 ☐ ☐ 쓰레기

(2) 음식을 만들거나 먹고 난 뒤에 남아서 버리는 쓰레기.

음 ☐ ☐ 쓰레기

앞부분의 내용: **오누이**의 어머니는 이웃 마을에 일하러 갔다가 돌아오는 길에 호랑이를 만난다. 호랑이는 어머니를 잡아먹고는 어머니의 옷과 수건으로 **변장**한 뒤 오누이가 있는 집으로 향한다.

- 등장인물: (㉠ [   ])
- 장소: 오누이가 사는 **초가집**   • 때: 늦은 오후

막이 오르면, 치마와 **저고리**를 입고, 머리에 하얀 수건을 쓴 호랑이가 초가집 주위를 **어슬렁거리고** 있다. 초가집 옆에는 **장작더미**가 쌓여 있다. 그 위에 도끼 한 자루가 놓여 있다.

동   생: (걱정스러운 목소리로) 오빠, 엄마는 왜 아직 안 오셔?

호랑이: (방문을 두드리며 거칠고 쉰 목소리로) 얘들아, 엄마 왔다. 문 열어라!

동   생: (신이 나서) 와, 엄마다! (뭔가 이상하다는 듯) 그런데 엄마 목소리가 이상해요.

오   빠: (**문고리**를 붙잡으며 이상하다는 듯) 우리 엄마 목소리는 그렇게 쉬지 않았어요.

호랑이: (기침을 하며) 찬 바람을 맞았더니 감기에 걸려서 그렇단다.

동   생: (긴장된 목소리로) 그럼, 문구멍으로 손을 내밀어 봐요.

호랑이: (**창호지**를 뚫고 털투성이 손이 쑥 들어온다.) 자, 봐라. 엄마 손 맞지?

동   생: (깜짝 놀라며) 아니에요. 이렇게 털이 많은 손은 우리 엄마 손이 아니에요. 우리 엄마 손은 하얗고 부드럽단 말이에요.

호랑이: 잠깐만 있어 보렴. (부엌으로 달려가 밀가루를 손에 바른다.)

오   빠: 북슬북슬한 털에, 날카로운 손톱까지 있는 걸 봐서, 아무래도 호랑이 손 같아.

동   생: (㉡ [   ]) 오빠, 그럼 이제 우린 어떡하지?

오   빠: (동생의 손을 잡고 문 쪽으로 피하며) 어서 도망가자.

마당에는 커다란 나무 한 그루가 있다. 오누이는 장작더미 위에 있던 도끼로 찍으면서 나무에 오른다. 잠시 후, 오누이를 찾아다니던 호랑이가 나타난다.

호랑이: (나무 꼭대기에 올라선 오누이를 보고) 얘들아, 거기엔 어떻게 올라갔니?

오 빠: ⓒ 손바닥에 참기름을 듬뿍 바르고 올라왔지. 넌 못할걸?

호랑이: (부엌에서 참기름을 바르고 나오며) 어디 한번 올라가 볼까? (나무를 잡고 오르는데 자꾸 미끄러져 엉덩방아를 찧는다.)

동 생: 하하하, 바보. 도끼로 찍으면서 올라와야 하는데.

호랑이: (신이 난 목소리로) 옳지! 이제, 너희들은 ㉣ 독 안에 든 쥐다. (호랑이가 도끼로 나무를 찍으며 오누이 쪽으로 다가간다.)

뒷부분의 내용: 호랑이가 나무에 오르기 시작하자, 오누이는 살려 달라고 하늘에 빈다. 오누이는 하늘에서 내려온 줄을 타고 올라간다. 호랑이도 하늘에 기도하여 줄을 타지만 그 줄이 끊어지는 바람에 **수숫대**로 떨어져 죽는다. 하늘에 올라간 오빠와 동생은 각각 달과 해가 된다.

– 희곡, 〈해와 달이 된 오누이〉

오누이 오빠와 여동생.　　**변장** 원래의 모습을 알아볼 수 없게 하기 위해 옷차림, 얼굴, 머리 모양 등을 다르게 바꿈. 變 변할 변 裝 꾸밀 장　　**초가집** 짚이나 갈대로 지붕을 덮은 집. 草 풀 초 家 집 가　　**저고리** 한복 윗옷의 하나.　　**어슬렁거리고** 몸을 흔들며 천천히 걸어다니고.　　**장작더미** 장작(통나무를 길게 쪼개 만든 땔감)을 쌓아 올린 무더기.　　**문고리** 문을 열고 닫거나 잠그는 데 쓰는, 쇠로 만든 고리.　　**창호지** 문을 바르는 데 쓰는 얇은 종이. 窓 창 창 戶 집 호 紙 종이 지　　**독** 간장, 쌀, 물 등을 담아 두는, 흙으로 빚은 그릇.　　**수숫대** 식물 수수의 줄기.

1

인물

㉠에 들어갈 인물을 모두 쓰세요.

□□□, □□, □□

2

어휘

'오빠와 여동생'의 뜻을 지닌 낱말을 글에서 찾아 쓰세요.

□□□

3 ⓛ에 들어갈 표현으로 알맞은 것은 어느 것인가요?

추론

① 신이 난 목소리로.　　　　　② 화난 목소리로.

③ 부드러운 목소리로.　　　　④ 겁이 난 목소리로.

⑤ 장난스러운 목소리로.

4 오빠가 호랑이에게 ⓒ처럼 말한 까닭은 무엇인가요?

추론

① 호랑이가 참기름을 좋아해서.

② 호랑이가 나무에 못 올라오게 하려고.

③ 호랑이가 나무에 쉽게 올라오게 하려고.

④ 나무가 거칠어서 올라올 때 손을 다칠까 봐.

⑤ 참기름 냄새를 풍겨 사람들에게 도움을 청하려고.

5 밑줄 친 ⓔ의 올바른 뜻을 고르세요.

표현

① 쥐처럼 작아질 것이다.

② 독 안에 갇혀 살게 될 것이다.

③ 독을 먹고 죽을 것이다.

④ 쥐처럼 바쁘게 이리저리 돌아다닐 것이다.

⑤ 사방이 막혀 아무리 애를 써도 벗어날 수 없을 것이다.

6 이 글을 보고 어울리지 <u>않는</u> 느낌이나 생각을 말한 사람을 고르세요.

감상

① 기정: 호랑이가 손을 쑥 내밀었을 때, 너무 무서웠을 것 같아.

② 지훈: 호랑이가 나무에서 떨어져 엉덩방아를 찧었을 때 아주 통쾌했어.

③ 오영: 오빠는 호랑이한테 거짓말을 해서 달이 되는 벌을 받은 것 같아.

④ 상현: 위급한 상황에서 동생을 데리고 나무 위로 도망친 오빠는 참 용감해.

⑤ 시은: 어머니로 변장해서 오누이까지 잡아먹으려고 한 호랑이는 정말 나빠.

1단계   다음은 무엇을 셀 때 사용하는 낱말입니다. 낱말과 뜻을 바르게 짝지으세요.

(1) 자루 •   • ㉠ 나무를 세는 말.

(2) 채 •   • ㉡ 집을 세는 말.

(3) 그루 •   • ㉢ 필기도구나 연장 등을 세는 말.

* **연장**: 물건을 만들거나 일을 하는 데 쓰는 도구.

2단계   위에서 배운 낱말을 빈칸에 넣어 문장을 완성하세요.

(1) 필통에는 연필 세 [＿＿＿＿＿＿＿] 와 지우개 한 개가 들어 있다.

(2) 아버지와 함께 감나무 한 [＿＿＿＿＿＿＿] 를 심었다.

(3) 깊은 산골에 도깨비들이 사는 집이 한 [＿＿＿＿＿＿＿] 있었다.

3단계   다음 사진 속에 표시된 것의 이름입니다. 뜻을 읽고 알맞은 낱말을 앞 글에서 찾아 쓰세요.

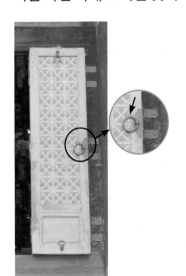

(1) 문을 열고 닫거나 잠그는 데 쓰는 고리.

[＿][＿][＿]

8주
39회

당나귀가 길을 가다가 사자 **가죽**을 발견하였습니다. 당나귀는 장난삼아 그것을 써 보았습니다. 사자 가죽을 쓰니, 마치 사자가 된 것 같았습니다.

당나귀는 평소에 자기를 **얕잡아** 보던 동물들에게 다가갔습니다. 사자 가죽을 쓴 당나귀를 보자 동물들은 무서워서 벌벌 떨며 흩어져 달아났습니다.

"아니, 내가 그렇게 무섭나?"

의기양양해진 당나귀는 숲속을 어슬렁거리다 여우를 만났습니다. 당나귀는 잔뜩 힘을 주어, 사자 흉내를 내며 **으르렁거렸습니다.**

그런데 그 소리는 무서운 사자 소리가 아니라 당나귀의 소리였습니다.

ㄱ 어라? 당나귀 놈이 사자 가죽을 쓰고 있군! ㄱ

꾀 많은 여우는 당나귀의 **정체**를 알아차렸습니다. 당나귀는 그것도 모르고 여전히 사자 흉내를 내며 소리를 더 크게 냈습니다.

"이 버릇 없는 여우야, 너를 잡아먹겠다."

당나귀는 토끼를 도망치게 하고, 양 떼를 흩어지게 했던 방법을 여우에게도 써먹으려 했던 것입니다.

"난 네가 조금도 겁나지 않아. ㄴ 꼬리가 둘 달린 동물은 **권위**가 없거든!"

여우가 웃으며 당나귀 꼬리를 잡아당겼습니다.

"그리고 발톱이 **닳아서** 발이 뭉툭한 사자는 겁날 게 없거든."

그러면서 여우는 당나귀의 앞다리를 살짝 깨물었습니다.

"아이쿠! 아야!"

당나귀는 숲이 떠나갈 만큼 크게 소리를 지르면서 도망쳤습니다. 그 바람에 사자 가죽이 반쯤 벗어져서 당나귀의 머리가 드러났습니다.

– 이솝, 〈사자 가죽을 쓴 당나귀〉

가죽 동물의 몸을 덮은 껍질.　**얕잡아** 남을 낮추어서 하찮게 여기어.　**의기양양해진** 행동이 씩씩하고 신이 난. 意 뜻 의 氣 기운 기 揚 오를 양 揚 오를 양　**으르렁거리렸습니다** 사나운 짐승이 달려들 듯이 크게 울부짖었습니다.　**정체** 본래의 모습. 正 바를 정 體 몸 체　**권위** 남을 지휘하여 이끄는 힘. 權 권세 권 威 위엄 위　**닳아서** 오래 써서 낡거나, 길이·두께·크기 따위가 줄어서.

---

1 이 글의 주인공은 누구인가요?

인물

① 사자　　　　　　　　　② 당나귀

③ 여우　　　　　　　　　④ 토끼

⑤ 양

2 이 글의 중심 생각을 가장 잘 말한 사람은 누구인가요?

주제

① 정은: 역시 동물의 왕은 사자야.

② 재원: 여우가 동물 가운데 가장 똑똑한 것 같아.

③ 미연: 동물이든 사람이든 힘을 키우는 게 가장 중요해.

④ 성규: 언제 어디서든 폭력을 써서는 안 돼.

⑤ 주현: 겉으로 세고 화려하게 보이려는 것보다 자신의 위치에서 실력을 기르는 게 중요한 것 같아.

3 여우가 당나귀의 정체를 가장 처음 알게 된 것은 무엇 때문인가요?

내용
파악

① 동물들이 당나귀를 보고 달아났기 때문에.

② 당나귀의 걸음걸이가 사자와 달랐기 때문에.

③ 꼬리와 발톱이 사자의 것과는 달랐기 때문에.

④ 당나귀가 사자 흉내를 내려고 낸 울음소리 때문에.

⑤ 당나귀가 사자의 가죽을 쓰는 모습을 보았기 때문에.

4 ㉠ 사이에 있는 글은 여우가 마음속으로 생각한 말입니다. 빈칸에 알맞은 문장 부호를 쓰세요.

배경
지식

 어라? 당나귀 놈이 사자 가죽을 쓰고 있군!

5 (가)와 (나)를 보고, 당나귀의 기분 변화를 가장 잘 나타낸 것을 고르세요.

추론

(가)	(나)
사자 가죽을 쓰고 나니, 자신이 마치 사자가 된 것 같았습니다.	사자의 가죽이 반쯤 벗어져서 당나귀의 머리가 드러났습니다.

① 기쁨 → 신남　　　　　　　② 슬픔 → 화남

③ 기쁨 → 창피함　　　　　　④ 슬픔 → 창피함

⑤ 창피함 → 신남

6 밑줄 친 ㉡의 뜻을 알맞게 말한 사람은 누구인가요?

추론

① 은수: 세상에 꼬리가 두 개인 동물은 없다는 뜻이야.

② 지민: 꼬리가 두 개인 동물은 약하다는 뜻이야.

③ 종호: 사자 꼬리와 당나귀 꼬리를 모두 달고 있으니 정체를 모르겠다는 뜻이야.

④ 세정: 꼬리가 두 개인 동물은 힘이 없으니, 하나를 버려야 한다는 뜻이야.

⑤ 무영: 당나귀가 사자 가죽을 써서 꼬리가 두 개 되었다는 뜻으로, 당나귀의 정체를 안다는 뜻이야.

어휘력 기르기

1단계 아래 낱말에 알맞은 뜻을 찾아 바르게 짝지으세요.

(1) 가죽   •   • ㉠ 남을 지휘하여 이끄는 힘.

(2) 정체   •   • ㉡ 동물의 몸을 덮은 껍질.

(3) 권위   •   • ㉢ 본래의 모습.

2단계 위에서 배운 낱말을 빈칸에 넣어 문장을 완성하세요.

(1) 여러 사람을 이끌어 가려면 [   ][   ] 가 있어야 해.

(2) 이제, 가면을 벗고 네 [   ][   ] 를 밝혀라!

(3) 이 가방은 악어 [   ][   ] 으로 만든 거야.

3단계 문장을 읽고, 바르게 쓴 낱말을 골라 ○표 하세요.

(1) 당나귀는 자기를 [얕잡아 / 얏잡아] 보던 동물들에게 다가갔습니다.

(2) 신발이 [달아서 / 닳아서] 바닥에 구멍이 났습니다.

● 1단계 사진 및 광고 출처

쪽수	사진	출처
22	귀뚜라미	https://commons.wikimedia.org/wiki/File:Southeastern_field_cricket.JPG
48	정월 대보름 음식	문화체육관광부 해외 문화 홍보원 https://www.kocis.go.kr/koreanet/view.do?seq=5213
92, 93	등등걸이	국립민속박물관
92, 94	갈모, 나막신	국립민속박물관
92, 94	도롱이	국립중앙박물관
93	죽부인	국립민속박물관
93	부채	국립중앙박물관
102	교실	https://commons.wikimedia.org/wiki/File:%EC%84%9C%EC%9A%B8%EA%B3%B5%EC%97%85%EA%B3%A0%EB%93%B1%ED%95%99%EA%B5%90_%EA%B5%90%EC%8B%A4.jpg
116	슈바이처	https://commons.wikimedia.org/wiki/File:%EC%84%9C%EC%9A%B8%EA%B3%B5%EC%97%85%EA%B3%A0%EB%93%B1%ED%95%99%EA%B5%90_%EA%B5%90%EC%8B%A4.jpg
145	무	https://en.wikipedia.org/wiki/Albert_Schweitzer#/media/File:Bundesarchiv_Bild_183-D0116-0041-019,_Albert_Schweitzer.jpg

독해력 비타민

기초편

40회로
완성하는
독해력

초등국어
1단계

정답과 해설

1회   학교의 여러 장소   8쪽

1. (1) 도서실 •   • ㉠ 영양 선생님
   (2) 보건실 •   • ㉡ 사서 선생님
   (3) 급식실 •   • ㉢ 보건 선생님
2. ⑤
3. ②
4. ③
5. ④
6. (1) 과학실
   (2) 음악실

어휘력 기르기

1단계 (1) ㉡, (2) ㉠, (3) ㉢

2단계 (1) 급식, (2) 사서, (3) 보건

3단계 (1) 화장실, (2) 행정실

2. ⑤ 교장 선생님 외의 선생님들이 교무실에서 일한다.

3. ① 교장 선생님: 학교를 대표하는 책임자. 학교에
   서 일어나는 모든 일, 학생, 교사를 관리한다.
   ③ 교감 선생님: 교장을 도와 학교의 일을 관리한
   다. 평소에는 교장의 명령을 받아 일하며, 교장이
   자리에 없을 때에는 교장을 대신한다.
   ⑤ 행정 선생님: 교장의 명령을 받아 교육 외의 학
   교 사무를 맡아 한다.

5. ③ 체육관은 체육을 하는 곳이므로 뛰어도 된다.

2회   재미있는 들꽃 이름   12쪽

1. ④
2. (1) 제비꽃
   (2) 할미꽃
   (3) 괭이밥
   (4) 별꽃
3. ⑤
4. 형형색색
5. ③
6. 할미꽃

어휘력 기르기

1단계 (1) 들꽃, (2) 어린잎, (3) 약초

2단계 (1) ㉡, (2) ㉠

3단계 (1) 피고, (2) 펴고

5. 꽃잎 다섯 장이 각각 두 갈래로 갈라져 있기 때문
   에, 자세히 보지 않으면 열 장처럼 보인다.

어휘력 기르기

2단계 문장 안에서 ㉠ '굽다'의 쓰임을 달리하면, '굽
   은, 굽으니, 굽어서' 등으로 쓰인다. ㉡ '굽다'는
   '구운, 구우니, 구워서' 등으로 쓰인다.

1. (1) 현지

   (2) 소민이

2. ③

3. ⑤

4. ②

5. (1) 5월 17일 토요일 낮 1시

   (2) 햇빛 아파트 405동 1204호(현지네 집)

6. ④

어휘력 기르기

1단계 (1) ㉢, (2) ㉠

2단계 (1) 일시, (2) 초대

3단계 (1) 햇빛, (2) 햇볕

6. 초대장의 형식이 정해져 있는 것은 아니지만 보통
   은 다음과 같은 순서로 초대장을 쓴다.
   '부르는 말 – 첫인사 – 초대하는 내용 – 끝인사
   – 초대 일시와 장소 – 쓴 사람'

1. ③

2. ②

3. 숨죽여

4. ⑤

5. ②

6. ⑤

7. ③

8. ①

어휘력 기르기

1단계 (1) ㉢, (2) ㉠

2단계 (1) 슬금슬금, (2) 쭈욱

3단계 (1) 뒤뚱뒤뚱, (2) 살랑살랑, (3) 퍼덕퍼덕

2. 시에서 말하는 사람을 '말하는 이'라고 한다. 말하
   는 이는 시인 자신일 수도 있지만, 시 속 상황에 맞
   게 만들어진 사람일 수도 있다. '시적 화자'라고도
   한다.

5. 매미는 주로 여름에 소리를 낸다.

6. ① 잠자리, ② 메뚜기, ③ 무당벌레, ④ 귀뚜라미

7. 매미를 놓친 아쉬움을 문학적으로 나타낸 부분이
   다.

어휘력 기르기

3단계 살랑살랑: 팔이나 꼬리 따위를 가볍게 자꾸 흔
       드는 모양.
       퍼덕퍼덕: 큰 새가 가볍고 크게 잇따라 날개를
       치는 소리.
       뒤뚱뒤뚱: 크고 묵직한 물체나 몸이 중심을 잃
       고 이리저리 기울어지며 자꾸 흔들리는 모양.

5회 개미와 비둘기

1. ②

2. (1) ①, ②, ④

   (2) ②

   (3) ③

3. ⑤

4. 은혜

5. ④

6. ③

7. ③ → ① → ④ → ②

어휘력 기르기

1단계 (1) ⓒ, (2) ⓛ, (3) ⓐ

2단계 (1) 지푸라기, (2) 발꿈치, (3) 개울

3단계 (1) 사냥꾼, (2) 낚시꾼

5. 문학 작품을 읽으면 다양한 생각이나 느낌이 들 수 있다. 하지만 이런 문제에서는 주제와 가장 관계 깊은 것을 찾는다.

2주차

6회 흉내 내는 말

1. 흉내 내는 말

2. (1) ×

   (2) ○

   (3) ×

   (4) ○

   (5) ○

3. (1) •   • ⓐ 땡땡땡

  (2) •   • ⓛ 엉금엉금

  (3) •   • ⓒ 개굴개굴

  (4) •   • ⓓ 빙글빙글

4. (1) 멍멍, 풍덩, 쨍그랑

  (2) 꼬불꼬불, 살금살금, 흔들흔들

5. ②

6. ③

어휘력 기르기

1단계 (1) ⓛ, (2) ⓐ

2단계 (1) 아삭아삭, (2) 생글생글

3단계 (1) 반짝반짝, (2) 보글보글, (3) 두근두근

4. 꼬불꼬불: 이리로 저리로 휘어지는 모양.

멍멍: 개가 짖는 소리.

살금살금: 남이 알아차리지 못하도록 눈치를 살펴 가면서 살며시 행동하는 모양.

풍덩: 크고 무거운 물건이 깊은 물에 떨어지거나 빠질 때 무겁게 한 번 나는 소리.

쨍그랑: 얇은 쇠붙이나 유리 따위가 떨어지거나 부딪쳐 맑게 울리는 소리.

흔들흔들: 자꾸 이리저리 흔들리거나 흔들리게 하는
모양.

6. ③ 펄펄: 먼지나 눈, 가루 따위가 바람에 세차게 날
리는 모양.

어휘력 기르기

3단계 두근두근: 몹시 놀라거나 불안하여 자꾸 가슴
이 뛰는 소리나 모양.

반짝반짝: 작은 빛이 잠깐 잇따라 나타났다가
사라지는 모양.

보글보글: 적은 양의 액체가 잇따라 야단스럽
게 끓는 소리나 모양.

7회   식물의 한살이

32쪽

1. ③

2. ④

3. 이산화 탄소, 물, 햇빛

4. ②

5. ⑤

6. 밤, 낮

어휘력 기르기

1단계 (1) ㉡, (2) ㉠

2단계 (1) 번식, (2) 해충

3단계 (1) 잎, (2) 줄기, (3) 뿌리

1. ③ 이 글은 씨앗에서 싹을 틔운 식물이 어떻게 자
라 번식하는지, 식물의 한살이를 설명하고 있다.

1. 학교

2. ④

3. 알림장

4. ③

5. (1) 관리

  (2) 알림장

6. ①

7. ②

어휘력 기르기

1단계 (1) ㉢, (2) ㉠, (3) ㉡

2단계 (1) 보관, (2) 복도, (3) 규칙

3단계 (1) 준비물, (2) 사물함

4. ③ 급한 일이 있어도 복도나 화장실에서 뛰지 않는 것이 좋다.

1. ④

2. ③

3. ②

4. ②

5. ⑤

6. ①

7. ③

어휘력 기르기

1단계 (1) ㉢, (2) ㉠, (3) ㉡

2단계 (1) 살래살래, (2) 꿀밤, (3) 쫑긋쫑긋

3단계 (1) 코, (2) 입

4. ①과 ③은 고양이가 한 일이다.

6. 1연에서는 신발을 물어 던진 강아지, 3연에서는 우유병을 넘어뜨린 고양이 때문에 말하는 이는 화가 났다. 하지만 2연과 4연의 귀여운 모습을 보고 강아지와 고양이를 용서하였다.

10회 젊어지는 샘물 44쪽

1. ③

2. 까무룩

3. ①

4. 아기

5. ②

6. ④

7. ②

어휘력 기르기

1단계 (1) ⓒ, (2) ⓛ, (3) ㉠

2단계 (1) 저물자, (2) 정답게, (3) 외롭던

3단계 (1) 투성이

6. 7. 욕심쟁이 할아버지는 젊어지는 샘물을 너무 많이 마셔서 아기가 되었다.

11회 정월 대보름 48쪽

1. ☐1☐ 월 ☐15☐ 일

2. ④

3. ②

4. ④

5. 남녀노소

6. ③

7. (1) 정월 대보름(대보름, 대보름날)

　　(2) 5월 5일

　　(3) 송편

　　(4) 연날리기

어휘력 기르기

1단계 (1) ⓛ, (2) ⓒ, (3) ㉠

2단계 (1) 음력, (2) 보충, (3) 평안

3단계 (1) 깨물어, (2) 재밌는

1. 숫자는 한 칸에 두 자까지 쓸 수 있다.

<예> | 20 | 25 | 년 | | 5 | 월 | | 15 | 일 |

4. ④ 정월 대보름에도 윷놀이를 할 수 있다. 하지만 이 글에서 소개하지 않았으므로 여기서는 '윷놀이' 가 답이다.

어휘력 기르기

3단계 (2) '재밌다'는 '재미있다'의 준말(단어의 일부분 이 줄어든 것)이다. 이 문제의 답란은 세 칸이 므로 '재밌는'이 정답이다.

12회 날씨를 나타내는 토박이말 52쪽

1. 토박이말

2. ④

3. ⑤

4. ③

5. ②

6. ③

7. 가랑비

어휘력 기르기

1단계 (1) ㉢, (2) ㉠

2단계 (1) 노을, (2) 해거름

3단계 (1) 뭉게구름, (2) 먹구름

4. ③ 여우비는 잠깐 내리다가 그치는 비이므로 마을이 물에 잠길 정도로 많이 내리지 않는다.

6. ③ 신바람: 신이 나서 우쭐우쭐하여지는 기분.

   ① 비바람: 비가 내리면서 부는 바람.

   ② 황소바람: 좁은 틈으로 세게 불어 드는 바람.

   ④ 돌개바람: 갑자기 생긴 저기압 주변으로 한꺼번에 모여든 공기가 나선(소라 껍데기 모양) 모양으로 돌면서 일어나는 바람.

   ⑤ 칼바람: 몹시 매섭고 독한 바람.

13회 세종 대왕 56쪽

1. 세종

2. ④

3. ②

4.

자음	ㄱ	ㄴ	ㄷ	ㄹ	ㅁ	ㅂ	ㅅ	ㅇ
	ㅈ	ㅊ	ㅋ	ㅌ	ㅍ	ㅎ		
모음	ㅏ	ㅑ	ㅓ	ㅕ	ㅗ	ㅛ	ㅜ	ㅠ	ㅡ	ㅣ

5. 백성을 가르치는 바른 소리

6. ③

7. 집현전

8. ⑤

어휘력 기르기

1단계 (1) ㉢, (2) ㉠, (3) ㉡

2단계 (1) 왕위, (2) 학자, (3) 세자

3단계 (1) ㉠, (2) ㉡, (3) ㉠, (4) ㉡

※ 본문에서는, 지면 관계상 세종의 여러 업적 가운데 훈민정음만 다루었다. 다음은 세종의 업적 가운데 대표 몇 개다.

1. 집현전을 두어 학문을 장려하였다.

2. 장영실 등을 등용하여 측우기, 해시계 같은 과학 기구를 만들었다.

3. 각종 기구와 농사 관련 책을 만들어 백성의 농사를 도왔다.

4. 4군과 6진을 개척하여 국토를 확장했다.

어휘력 기르기

3단계 (1) 사다: 값을 치르고 어떤 물건이나 권리를 자기 것으로 만들다.

   (2), (4) 삼다: 무엇을 무엇이 되게 하거나 여기다.

(3) 사다: 다른 사람에게 어떤 감정을 가지게
하다.

1. ①

2. ③

3. ②

4. 산골

5. ④

6. ②

7. ⑤

8. ③

어휘력 기르기

1단계 (1) ⓛ, (2) ⓒ, (3) ⓐ

2단계 (1) 한눈, (2) 단풍, (3) 산골

3단계 (1) ⓐ, (2) ⓛ

2.③ 2연의 '단풍잎 곱게 물든'을 통해 계절이 가을임
을 짐작할 수 있다.

7.④ 1연과 3연은 똑같고, 2연과 4연은 '왔지'가 같
다. 어디서 왔는지, 언제 왔는지의 차이만 있다.

15회 소금이 나오는 맷돌 64쪽

1. ②

2. ③

3. ③

4. ④

5. 나와라

6. ⑤

7. (1) 바다

　(2) 맷돌

　(3) 소금

어휘력 기르기

1단계 (1) 능력, (2) 시험

2단계 (1) 시험, (2) 능력

3단계 (1) 황당한, (2) 당황한

4주차

16회 관찰 도구 68쪽

1. ④

2. ⑤

3. ②

4. ③

5. (1) 돋보기

　(2) 루페

　(3) 줄자

　(4) 삼각자

6. (1) 줄자

　(2) 필기도구 (공책, 연필 등)

　(3) 루페 (돋보기)

어휘력 기르기

1단계 (1) ㉠, (2) ㉡

2단계 (1) 기록, (2) 관찰

3단계 (1) 백과사전, (2) 국어사전

3. ⑤ 관찰하여 적은 내용이 백과사전과 다르다고 해도 쓸모없는 자료는 아니다. 조사 과정에서 오류가 있거나 내용을 잘못 적었을 수 있으며, 오류가 있다고 해도 그 자체로 관찰 보고서가 될 수 있기 때문이다.

4. ③ 다친 동물을 발견하면 관계 기관에 연락하여 구조하게 한다. 특히 어린이들은 야생 동물을 직접 만지면 매우 위험하다.

1. ④

2. ③

3. ②

4. 관리원

5. ④

6. ①

7. (1) 예 - 선생님

  (2) 예 - 우리가 배워야 할 것을 알려 주시고, 고민이 있을 때 친절하게 상담해 주신다.

어휘력 기르기

1단계 (1) ⓒ, (2) ㉠

2단계 (1) 소음, (2) 갈등

3단계 (1) 분류, (2) 분리

3. ② 택배 물품을 보관하는 것은 경비원의 업무가 아닌 곳이 많다. 하지만 건물 사용자나 주민들의 편의를 위해 보관해 주고는 한다.

어휘력 기르기

3단계 * 배출: 안에서 밖으로 내보냄.

    * 수거: 거두어 감.

흔히 '쓰레기 분리 수거'라는 말을 쓴다. 하지만 우리가 쓰레기를 종류별로 내어놓는 일은 '쓰레기 분류 배출'이라고 쓰는 것이 옳다.

1. ①

2. ④

3. 여섯

4. ⑤

5. ③

6. (1) ○

  (2) ×

  (3) ○

  (4) ×

  (5) ○

7. (1) 동생

  (2) 종이접기

어휘력 기르기

1단계 (1) ⓒ, (2) ⓒ, (3) ㉠

2단계 (1) 취미, (2) 애교, (3) 잡채

3단계 (1) 회원, (2) 공무원

19회 두꺼비집이 여물까 80쪽

1. 집
2. ③
3. ⑤
4. ④
5. ①
6. 안
7. ②
8. ③

어휘력 기르기

1단계 (1) 밟아도, (2) 전래
2단계 (1) 긷고, (2) 짓고
3단계 (1) 까치, (2) 황새

2. ③ 두꺼비가 흙으로 집을 지을 때 황새가 물을 길 어다 주어 돕고 있다.

8. ② 1연에서, '~집이 여물까', '~는 ~고'가 반복된 다. 2연에서는, '~으로', '~가 밟아도 딴딴'이 거듭 쓰이고 있다. 이런 반복은 리듬감을 만든다.

20회 떡 먹기 내기 84쪽

1. 박박이, 코흘리개, 눈첩첩이
2. ②
3. ⑤
4. 흉내
5. 활
6. ②
7. ③

어휘력 기르기

1단계 (1) ㉡, (2) ㉠
2단계 (1) 항상, (2) 전부
3단계 (1) 꾀, (2) 닦고, (3) 긁적이는

7. ① 병 주고 약 준다: 남을 해치고 나서 약을 주며 그 사람을 구해 주는 척한다는 뜻으로, 교활하고 음흉한 사람의 행동을 비유적으로 이르는 말.
② 누워서 떡 먹기: 하기가 매우 쉬운 것을 비유적 으로 이르는 말.
④ 바늘 도둑이 소도둑 된다: 자그마한 일도 자꾸 해서 버릇이 되면 나중에는 큰 죄를 저지르게 된다 는 말.
⑤ 가는 말이 고와야 오는 말이 곱다: 자기가 남에 게 말이나 행동을 좋게 해야 남도 자기에게 좋게 한다는 말.

21회 고래 이야기 88쪽

1. ①

2. 흰긴수염고래

3. 돌고래

4. (1) 참고래

   (2) 향유고래

5. ④

6. (1) ○

   (2) ×

   (3) ×

   (4) ×

   (5) ○

7. (1) 무리

   (2) 새우

어휘력 기르기

1단계 (1) ㉡, (2) ㉠

2단계 (1) 호흡, (2) 무리

3단계 (1) 포유류, (2) 파충류

22회 옛날 사람들의 여름 나기 92쪽

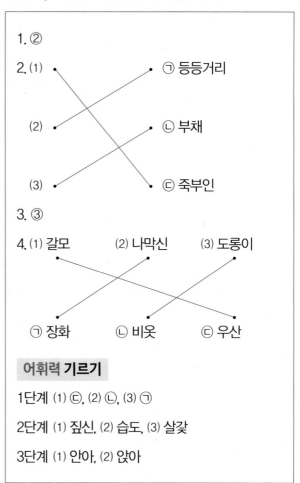

1. ②

2. (1) •   • ㉠ 등등거리

   (2) •   • ㉡ 부채

   (3) •   • ㉢ 죽부인

3. ③

4. (1) 갈모   (2) 나막신   (3) 도롱이

   ㉠ 장화   ㉡ 비옷   ㉢ 우산

어휘력 기르기

1단계 (1) ㉢, (2) ㉡, (3) ㉠

2단계 (1) 짚신, (2) 습도, (3) 살갗

3단계 (1) 안아, (2) 앉아

1. 옛날 사람들이 옷뿐 아니라 음식과 여러 물건을 통해 덥고 습한 여름을 어떻게 이겨 냈는지, 생활 모습을 설명한 글이다.

1. ②

2. ④

3. ②

4. ③

5. 가을

6. ③

7. ②

8. ⑤

어휘력 기르기

1단계 (1) ㉡, (2) ㉠, (3) ㉢

2단계 (1) 썰매, (2) 언덕

3단계 (1) 파릇파릇, (2) 노릇노릇

＊ 본문 표현 가운데, "아버지께서 이번 겨울 방학 때 할아버지 댁에 가자고 하셨어요."라는 부분이 있다. 압존법에 따르면 이 표현은 잘못되었다고 말할 수도 있겠다. 하지만 국립국어원에서 발간한 "표준 언어 예절"에는, "부모를 부모의 윗사람에게 높여 말할 수도 있다."라고 적혀 있다.

– 압존법: 높여야 할 대상이지만 듣는 이가 더 높을 때 그 높임을 줄이는 어법.

5. 현성이가 얼마 전에 가을 글쓰기 대회를 했다는 점과 이 편지를 쓴 날짜 10월 31일을 보고 미루어 짐작할 수 있다.

1. 눈

2. ①

3. ④

4. (1) 눈

　(2) 이불

5. ①

6. ⑤

7. ④

어휘력 기르기

1단계 (1) ㉢, (2) ㉠, (3) ㉡

2단계 (1) 지난밤, (2) 소복이, (3) 밭

3단계 (1) 덥다, (2) 덮었다

2. ① '지난밤에 눈이 소오복히 왔네.'를 보면, 지난밤에 내려 쌓인 눈이 지금은 내리지 않고 있음을 알 수 있다.

7. ① 밭, ② 길, ③ 지붕, ④ 교실

25회 떡시루 잡기 104쪽

1. 호랑이, 두꺼비

2. 떡시루

3. ②

4. ③

5. ④

6. ⑤

7. ④

어휘력 기르기

1단계 (1) ㉠, (2) ㉡

2단계 (1) 군침, (2) 내기

3단계 (1) 엉금엉금, (2) 떼굴떼굴, (3) 모락모락

4. ① 악착같이: 매우 모질고 끈덕지게.

② 벼락같이: 일어난 행동이 몹시 빠르게.

④ 귀신같이: 동작이나 추측이 정확하고 재주가 기막힐 정도로 뛰어나게.

⑤ 감쪽같이: 꾸미거나 고친 것이 전혀 알아챌 수 없을 정도로 티가 나지 않게.

7. ① 등잔 밑이 어둡다: 대상에서 가까이 있는 사람이 도리어 대상에 대하여 잘 알기 어렵다는 말.

② 세 살 적 버릇이 여든까지 간다: 어릴 때 몸에 밴 버릇은 늙어 죽을 때까지 고치기 힘들다는 뜻으로, 어릴 때부터 나쁜 버릇이 들지 않도록 잘 가르쳐야 함을 비유적으로 이르는 말.

③ 소 잃고 외양간 고친다: 일이 이미 잘못된 뒤에 손을 써도 소용이 없음을 비꼬는 말.

⑤ 호랑이도 제 말 하면 온다: 다른 사람에 관한 이야기를 하는데 우연히 그 사람이 나타나는 경우를 이르는 말.

6주차

26회 우리나라의 전통 놀이 108쪽

1. 놀이

2. ③

3. (1) ✕

　(2) ○

　(3) ○

　(4) ✕

　(5) ○

4. 잡았다

5. ①

6. ④

7. (1) 그림자밟기 ————— ㉠

　(2) 딱지치기 ————— ㉡

　(3) 사방치기 ————— ㉢

어휘력 기르기

1단계 (1) ㉢, (2) ㉡, (3) ㉠

2단계 (1) 그림자, (2) 반복, (3) 칸

3단계 (1) 패배, (2) 승리

5. ② 던진 돌을 줍지 못하면 상대에게 순서가 넘어간다.

③ 여러 칸에 1~8의 숫자를 적는다.

④ 1~8의 순서에 맞추어 돌을 던진다.

⑤ 두 발을 동시에 땅에 대는 경우도 있다.

6. ④ 그림자밟기는 상대의 그림자를 밟는 놀이이므로 혼자서는 할 수 없다.

27회 물의 변신 112쪽

1. ③

2. (1) 고체

   (2) 변신

3. ⑤

4. (1) 수증기, 김

   (2) 바닷물, 비, 안개

   (3) 눈, 성에, 고드름, 우박

5. ②

6. ⑤

어휘력 기르기

1단계 (1) ㉢, (2) ㉡, (3) ㉠

2단계 (1) 성에, (2) 우박, (3) 결정

3단계 (1) 구름, (2) 고드름

---

1. ③ 물이 자연에서 액체, 고체, 기체의 모습으로 변신한다는 내용을 담은 글이다.

5. ② 고체가 열을 받아 액체가 되는 일이 없이 곧바로 기체가 되는 현상을 '승화'라고 한다. 얼음이나 드라이아이스 등에서 볼 수 있다.
   ⑤ 구름은 공기 중의 수분이 모여서 미세한 물방울이나 얼음 결정이 떠 있는 것이다.

6. 물은 보통 0℃ 이하에서 고체(얼음)로 있고, 100℃가 넘으면 기체(수증기)가 된다. 냉장고의 냉장실은 보통 3~4℃ 정도로, 물을 넣으면 액체 상태로 유지된다. 냉동실은 보통 영하 15℃ 이하로, 물은 이곳에서 고체가 된다.

28회 슈바이처 116쪽

1. ⑤

2. 1913

3. ③

4. ②

5. ③

6. ③

7. ④

어휘력 기르기

1단계 (1) ㉢, (2) ㉡, (3) ㉠

2단계 (1) 헌신, (2) 고통, (3) 감옥

3단계 (1) 실천, (2) 결심

---

4. ① 20 – 스물

   ③ 40 – 마흔

   ④ 50 – 쉰

   ⑤ 60 – 예순

6. ① 북아메리카 대륙

   ② 남아메리카 대륙

   ③ 아프리카 대륙

   ④ 유럽 대륙

   ⑤ 아시아 대륙

   ⑥ 오세아니아 대륙

   ⑦ 남극 대륙

7. ④ 프랑스가 슈바이처를 잡아가지 않았다면 슈바이처는 가봉 사람들을 계속 돌봐 주었을 것이다. 슈바이처가 없는 7년 동안 가봉 사람들은 슈바이처의 도움을 받지 못했다.

1. ①

2. [4] 연 [10] 행

3. ⑤

4. ⑤

5. ②

6. ④

7. ③

어휘력 기르기

1단계 ⑴ ㉡, ⑵ ㉠

2단계 ⑴ 열쇠, ⑵ 자물쇠

3단계 ⑴ ③, ⑵ ①, ⑶ ②

4. 시에서, 같은 글자나 낱말이 반복되거나, 글자 수가 반복되면 리듬감이 느껴진다. 이 시에서는 1연과 3연이 똑같고, 2연과 4연의 구조가 같다. 또 2연에서는 '~필요 없네.'가 반복되고, 4연에서는 '~걱정 없네.'가 되풀이된다. 이런 반복 표현 때문에 리듬감이 생긴다. 리듬감은 시를 노래하듯이 읽을 수 있게 한다.

5. ①이다: 물건을 머리 위에 얹다.

　②지다: 물건을 싸서 묶어 등에 얹다.

　③들다: 물건을 손에 가지다.

1. 오십

2. ④

3. ③

4. ②

5. ①

6. ⑤

어휘력 기르기

1단계 ⑴ ㉡, ⑵ ㉢, ⑶ ㉠

2단계 ⑴ 말뚝, ⑵ 큰돈, ⑶ 소문

3단계 ⑴ 홍수, ⑵ 가뭄, ⑶ 지진

1. 문제에서 한글로 쓰라고 했으므로 '오십'이 정답이다. '쉰'도 맞지만 답란이 두 칸이므로 '오십'으로 쓴다.

5. ① 식물이 잘 자라도록 땅에 영양분이 많아지게 하는 물질을 '거름'이라고 한다. 동물의 똥이나 오줌, 썩은 동식물 등이 거름으로 쓰인다.

6. ⑤ 영감은 농사를 잘 지으려고 도깨비가 거름을 뿌리게 했다.

31회 개미의 사회성 128쪽

1. ③

2. ⑤

3. (1) 페로몬

   (2) 진딧물

4. 무당벌레

5. 공생

6. ④

7. 벌

어휘력 기르기

1단계 (1) ⓛ, (2) ⓗ, (3) ⓒ

2단계 (1) 지위, (2) 자취, (3) 분비

3단계 (1) 날아, (2) 날라

---

6. ④ 옛날에는 봉화나 연, 북 등을 이용하여 멀리 있는 사람에게 어떤 내용을 전달했다. 현재는 과학의 발달로 이와 같은 방법은 거의 사용되지 않는다.
   * 봉화: 나라에 큰 사건이 벌어졌을 때 신호로 올리던 불.

어휘력 기르기

3단계 (1) '날아'의 기본형은 '날다'다. '날다, 날고, 나니, 날며, 날지' 등으로 쓰인다.
   (2) '날라'의 기본형은 '나르다'다. '나르다, 나르고, 나르니, 나르며, 나르지' 등으로 쓰인다.

32회 달팽이 관찰 일기 132쪽

1. 김치

2. ③

3. 댁

4. (1) ○

   (2) ○

   (3) ✕

   (4) ✕

   (5) ✕

5. ②

6. ⑤

7. ④

어휘력 기르기

1단계 (1) ⓒ, (2) ⓛ, (3) ⓗ

2단계 (1) 발견, (2) 김장, (3) 변동

3단계 (1) 더듬이, (2) 껍데기

---

4. (3) 11월 11일에 발견하였으며, 관찰 일기는 11월 15일에 썼다. 이 두 날 달팽이의 길이에는 변화가 없었다.

5. ② 달팽이는 다른 동물이 건드리거나 날씨가 너무 덥거나 건조한 위험을 느끼면 껍데기 안에 숨는다.

6. ⑤ 하루 동안 겪은 일을 생각해 보고 쓰기 때문에 주로 저녁에 쓰지만, 반드시 그런 것은 아니다. 만약 오전에 특별한 일을 겪었다면 오전이나 오후에 쓸 수도 있다.

33회 시설물을 안전하게 이용하자 136쪽

1. ④

2. 위아래

3. ④

4. 안전

5. ⑤

6. ②

7. 전철

어휘력 기르기

1단계 (1) ⓒ, (2) ㉠, (3) ⓛ

2단계 (1) 위험, (2) 사항, (3) 충격

3단계 (1) ⓛ, (2) ㉠

---

5. ⑤ 작은 짐은 엘리베이터를 이용해 옮길 수 있다. 크고 무거운 짐은 화물용 엘리베이터나 사다리차 등으로 옮긴다.

6. ② 노란 안전선 안에 두 발을 올리고 탄다.

34회 꼬마 눈사람

1. ②

2. 집

3. ④

4. ③

5. ⑤

6. ①

7. ③

어휘력 기르기

1단계 (1) ⓒ, (2) ⓛ, (3) ㉠

2단계 (1) 작곡, (2) 작사, (3) 종일

3단계 (1) 한겨울, (2) 한낮

---

1. ① '$\frac{2}{4}$'는 박자를 나타내는 표시다. '$\frac{2}{4}$'와 같은 수를 '분수'라고 한다. 분수는 아래에 있는 숫자부터 읽는다. 이는 수학에서뿐 아니라 음악에서도 똑같다. 따라서 '$\frac{2}{4}$'는 '4분의 2박자(한 마디가 4분음표 두 개로 이루어진 박자)'다.

③ 4분음표의 길이는 8분음표 길이의 두 배다.

④ '♪'는 '8분쉼표'다. 쉼표는 악기 연주나 노래를 쉬라는 표시다. 따라서 8분쉼표 부분에서는 8분음표와 같은 길이로 노래나 연주를 쉰다.

⑤ 첫째 줄은 13개, 둘째 줄은 13개, 셋째 줄은 12개로, 각 줄의 음표 개수가 똑같지 않다.

5. ⑤ 2절을 통해 글쓴이가 꼬마 눈사람을 걱정하고 있는 마음을 미루어 볼 수 있다. '하루 종일 우두커니 서 있는 것', '무엇을 골똘히 생각하고 있는 것', '집 밖이 추운 것' 등을 걱정하여 집 안으로 데리고 들어갈지 고민하고 있다.

6. ③ 여기에 쓰인 줄표는 다음 음표까지 연결하여 부르라는 표시다.

④ ⑤ 윗줄은 1절, 아랫줄은 2절이다. 1절을 끝까지 부르고 나서 2절을 부른다.

7. 밀짚모자를 쓰고, 눈썹이 우스우며, 코가 삐뚠 눈사람을 찾는다.

35회 송아지와 바꾼 무   144쪽

1. ③

2. ①

3. ④

4. ④

5. ⑤

6. ②

7. ② → ④ → ① → ③

어휘력 기르기

1단계 (1) ⓛ, (2) ⓡ, (3) ⓖ, (4) ⓒ

2단계 (1) 귀한

3단계 (1) 받치고, (2) 바쳤다

1. ① 감자, ② 당근, ④ 배추, ⑤ 양파

36회 바이올린과 첼로 148쪽

1. 현악기
2. (1) ○
   (2) ○
   (3) ×
   (4) ×
3. ⑤
4. 공통점, 차이점
5. 말
6. ④
7. ②

어휘력 기르기

1단계 (1) ㉡, (2) ㉠, (3) ㉢
2단계 (1) 타악기, (2) 관악기, (3) 현악기
3단계 (1) 켜고, (2) 켜고, (3) 들이켜면

6. 기타, 바이올린, 첼로는 현악기지만 우리나라 전통 악기가 아니다. 장구는 우리나라 전통 악기지만 현악기가 아니라 타악기이다.

7. 어린이가 턱으로 악기를 고정하고 활을 움직여 연주하고 있다.

어휘력 기르기

3단계 (3) 들이켜다: 액체를 단숨에 마구 마시다.
'들이키다'는 '들이켜다'의 잘못된 표현이다.

37회 겨울 현장 체험 학습 152쪽

1. ②
2. ⑤
3. ①
4. 8 시 40 분
5. ⑤
6. ③
7. ④

어휘력 기르기

1단계 (1) ㉠, (2) ㉢, (3) ㉡
2단계 (1) 체험, (2) 주의, (3) 탐조
3단계 (1) 지우개, (2) 귀마개

2. ①, ②: 겨울이므로 체온이 떨어지지 않게 귀마개, 장갑, 두꺼운 겉옷을 준비한다.
   ③, ④: 관찰하면서 배가 고프거나 목이 마를 때 먹고 마신다. 자연에서 동물을 관찰할 때에는, 가능한 한 자연 그대로의 모습을 보고 느끼는 것이 좋다.

7. 새들은 대부분 사람을 꺼리므로 새들의 눈에 띄지 않는 것이 좋다. 따라서 인사를 하거나 화려한 옷을 입는 것은 탐조에 좋지 않다. 또 자연 그대로의 모습을 관찰하는 것이므로 새에게 먹이를 주거나 새를 유인하는 것은 적절하지 않다.

1. ②

2. ③

3. (1) 배려

   (2) 소음

   (3) 쓰레기

   (4) 배려

4. ⑤

5. ②

6. ④

7. ①

어휘력 기르기

1단계 (1) ㉢, (2) ㉡, (3) ㉠

2단계 (1) 인상, (2) 소음, (3) 배려

3단계 (1) 재활용, (2) 음식물

1. 호랑이, 오빠, 동생

2. 오누이

3. ④

4. ②

5. ⑤

6. ③

어휘력 기르기

1단계 (1) ㉢, (2) ㉡, (3) ㉠

2단계 (1) 자루, (2) 그루, (3) 채

3단계 (1) 문고리

※ 본문의 원작은 전래 동화 〈해와 달이 된 오누이〉
다.

40회 사자 가죽을 쓴 당나귀 164쪽

1. ②

2. ⑤

3. ④

4. | ‘ | | ’ |

5. ③

6. ⑤

어휘력 기르기

1단계 (1) ⓛ, (2) ⓒ, (3) ⓙ

2단계 (1) 권위, (2) 정체, (3) 가죽

3단계 (1) 얕잡아, (2) 닳아서

4. 문장의 앞에는, 네모 칸의 오른쪽 위에 따옴표를 쓴다. 문장이 끝나면, 네모 칸의 왼쪽 위에 쓴다.

독해력 비타민 기초편